JN082455

＼ 家事がラクになる ／

小さな家、建てました

土地選び、断捨離、間取り。
施主だからわかる、
家づくりのポイント

編著 竹村真奈

はじめに

私、高知県高知市出身、東京都在住の編集者・竹村真奈44歳（当時）、兵庫県姫路市出身、東京都在住の放送作家・夫41歳（本厄真っ只中）、娘6歳（年長）の3人暮らし。ペットなし。夫婦共にフリーランスで、将来の安定は確保されていません。フリーランスであろうがなかろうが先のことはわからないけれど、現段階では実家に戻る計画もなし。２拠点生活への憧れは薄くあるも、それも妄想止まり。

経理関係に疎い（苦手）私たちは、お金のことは信頼と安定の税理士さん任せ。保険にはあれこれと入ってるし、貯金もなんとかかんとかやっているけれど、こんなことでほんとに大丈夫なんだろうか。

いつの日か仕事がこなくなったら、できない状況に陥ったら……そんな将来の不安をひとつでも払拭すべく、家さえあれば生きていける！　と娘の小学校入学のタイミングで家を買うことだけは人生設計のひとつとして考えていました。もっと早く引っ越すことも考えられましたが、激戦の末に入れた素晴らしい環境の保育園からの転園は避けたくて（その保育園で卒園させてあげたい）、小学校進学のタイミングがベストだと判断。となると、引っ越す時期は２０２２年3月頃。住みたい町や学校の環境なども含めてどこからどう探したらいいのか迷子状態でのスタートでした。

２０２１年2月頃。瞬間的（？）ブームを巻き起こしたClubhouseで、占い好きの私は偶然にも我々の結婚のきっかけともなった（結婚相手の職業と時期を命中させられた）ゲッターズ飯田さんに再び占ってもらうチャンスに恵まれたのです。限られた時間の中での相談でしたが、「今年（２０２１年）の５月、真南しかない」ときっぱり。もちろんもっと先になればいい時期もあったことでしょう。が、私たちが引っ越したいのは２０２２年３月。この「真南」という条件も想像以上に厳しいものでした。当時、住んでいた町から真南はお金持ちタウンばかり。お手頃価格の土地まで真南へ行くとその先は海。さあ、どうしよう。しかも２０２１年５月までとしたら、わずか２カ月。いやいや、今の家にあと１年間住んで娘を卒園させねばならない。二重家賃？とんでもない！ そんなお金あるなら頭金にまわします。いっそ、占いなんか聞くんじゃなかった（ゲッターズ飯田さんのせいではない）……とさえ思いましたが、私たちの物件探しは何かに導かれるように進んでいきました。

本題に入る前に、それまでの暮らしの考え方について少しお話を。２０１４年に妊娠した頃から育児休暇中だった私は心身共にいろいろな変化を感じました。それまで朝から晩まで仕事ばかりの人間でしたが、「暮らし」「自分」「家族」というプライベートな部分に関心が向いたのです。守るべきものができたのが大きかったのでしょう。これから育児をしていくうえで散らかった部屋や使いづらい部屋、危険な部屋ではいけないと危機感を覚え、断捨離や家事の効率化を考えるようになり、それが楽しくて仕方なくなったのです。それまでも家はまあまあきれいにしているほうでしたが、断捨離をしてからは見違えるように暮らしが楽になっていきました。身を持って体感したらもうやめられません。収納や片付けの本を読み漁り、SNSでステキな家を見つけてはお気に入りフォルダに保存する日々。そのときに整理収納アドバイザーという資格を知りました。

SNSで10万超えのフォロワー数を誇るステキな家で暮らす主婦の投稿には「#整理収納アドバイザー1級」のハッシュタグ。しかし仕事にしている人はごくわずかなようでした。SNSの投稿だけで人の心を揺るがす、こんなスーパー主婦たちが資格まで取得してるのにフォロワー数やいいねの数だけで満足しているのはもったいない！ とおせっかいながらに感じました。どうすれば仕事にできるのかを模索している人、ノウハウを何も知らない人、集客したりお金をもらうには自信がない人、様々だと思います。仕事にしたい人だけではないと思いますが、私はますます興味を抱き、自身も整理収納アドバイザーとルームスタイリスト・プロの資格取得することを決意（実際に最終取得したのは2022年）。同時に『整理収納を仕事にする』（翔泳社）という整理収納を仕事にするためのノウハウをまとめた著書を出版。そこでたくさんの整理収納業界で活躍する方々と出会い、今でも仲良くさせてもらっています。家におじゃましたり、ＳＮＳの投稿を見たりすると刺激を受けるし、やる気が漲ってきて家を整えたくなる衝動に駆られます。私も実際にお客さまのご自宅におじゃましての訪問サポートを数十件担当させてもらいました。時間もかかるし、頭も使うし、体力も使う。なのに、とにかく楽しいんです。ここで学んだことが家づくりにも役立っていると確信しています。

本書では、エッセイで私が体験した家づくりのことを、コラムでは家づくりに必要な情報を紹介します。モノを減らして家のサイズに合わせた物量を知ること、無駄のない家事動線、必要なモノが必要なときにパッと取り出せる仕組み、家族みんながあれどこ？　とならないわかりやすさ、インテリアにおけるカラー配分やフォーカルポイント（部屋に入ってすぐ目に入る場所のこと）の重要性、自分の〝好き〟を見つけることの意味。家づくりやインテリアを考えるために、暮らしをよくしていくためにできることは無限にあります。これから家を建てる人、いつか建てたい人、この本を手に取ってくださったみなさまに楽しんでいただけますように。

竹村真奈

CONTENTS

2 小さな家ととことん向き合う

CONTENTS

3 知っておきたい小さな家づくりのマナー

4 小さい家だからできること

CONTENTS

5 小さな家の施主検査と引き渡し

※本書に掲載されている内容は著者の体験によるものです。
家づくりのルールはそれぞれ異なりますのであらかじめご了承ください。

1

あえて小さな暮らしを選ぶ

家づくりは自問自答から

契約した土地

こうして見るとやっぱり狭いけど、家が建っているとも広く見えるのは落とし穴かもしれない。

家を買う、人生で一番大きな買い物。家族にとって、私にとって、とてもとても楽しくて勇気のいること。これからの人生が大きく変わるターニングポイント。

これまでの賃貸物件探しとはまるで違う感覚で〝家を買う〟という現実味のなさに戸惑うばかり。どこから手をつければいいのだろう。まずは、あらゆる不動産のアプリを登録して、物件情報を夜な夜な見る日々。思い知ったのは理想とする家はひとケタ違う……東京をナメていました。

夫と私の絶対条件は景色のいい築浅マンション。耐震性がしっかりしていて、機能性に優れた物件ならなんでもいいよね。少しくらい都心から離れてもいい。住めば都ってみんな言うしね。戸建ては手入れが大変そうだから心配だよね。築浅希望だからリノベ物件は考えなくていいね。

そんな私たちが景色のいい築浅マンションでもなく、都心から少し離れた中古戸建てでもなく、建売住宅でもない、更地からの注文住宅を建てることになるなんて。人生何が起こるかわからないものです。何が「絶対条件」だ。

現実を突き付けられた私は正気を取り戻し、まずは家を買うことに対する不安要素をひとつずつ潰していきました。まず、よく耳にする「持ち家vs賃貸論争」についていろいろ調べましたが……これだ！という答えにはいたらず。ただ、買おうが買うまいがとにかく貯金しろ！ということだけは頭に入っております。夫婦共にフリーで仕事をしているので退職金もとくにないし、いざというときのために持ち家があったら安心ということ（家さえあれば生きていけるだろうという浅い考え）で意見一致。

万が一、住宅ローンが払えない日がくるとしたら、そのときは賃貸家賃も払えないということ。そのときは売るしかない非常事態。ローンを組むなら早いほうがいいし、年齢的にもギリギリだから買うなら今がベスト。

マンションと戸建てはどっちがいいだろう？　田舎の戸建て育ちだから戸建てのよさはよく知ってるけど、マンションは管理もしてもらえるし便利そうだなぁ。東京は土地が高いから戸建てだと細長い3階建てになるのかなぁ。おじいちゃんおばあちゃんになったとき元気に階段の上り下りできるかなぁ。いやいや、元気に階段を上り下りできる健康的な暮らしをすればいいだけ。どうせ何が起こるかわからないなら、あるかないかもわからない何十年も先のことを想像して今できることを諦めるのはもったいない。ちなみに、都会で夢の平家は金銭的にありえないので論外。

引っ越し時期と方角、気にする？

いつか田舎暮らしをしたくなったら？　私は編集者だから取材や撮影があるので田舎暮らしはあまり現実的ではない。夫は会議だけならリモートでもできるけど、もちろん現場に行くときもある。現状の私たち夫婦の仕事的にはなかなか難しい。老後はわからないけど、そのときはそのときに考えればいい。それに老後は意外と何でも近くに揃っている都会のほうが便利とも聞くし……そう、家を建てるのはそんな自問自答のはじまりでした。

ある程度の不安点を自分たちなりに払拭してから、ようやく理想の暮らしを思い描きました。夫は郊外で、広くてゆったりした環境での子育てを希望していました……。が、私は20代後半頃から閉所恐怖症からくるパニック障害があり、狭いところや人混みが大の苦手なため、電車にすら乗ることができません。なので、移動は徒歩か自転車、車のみ（車は自

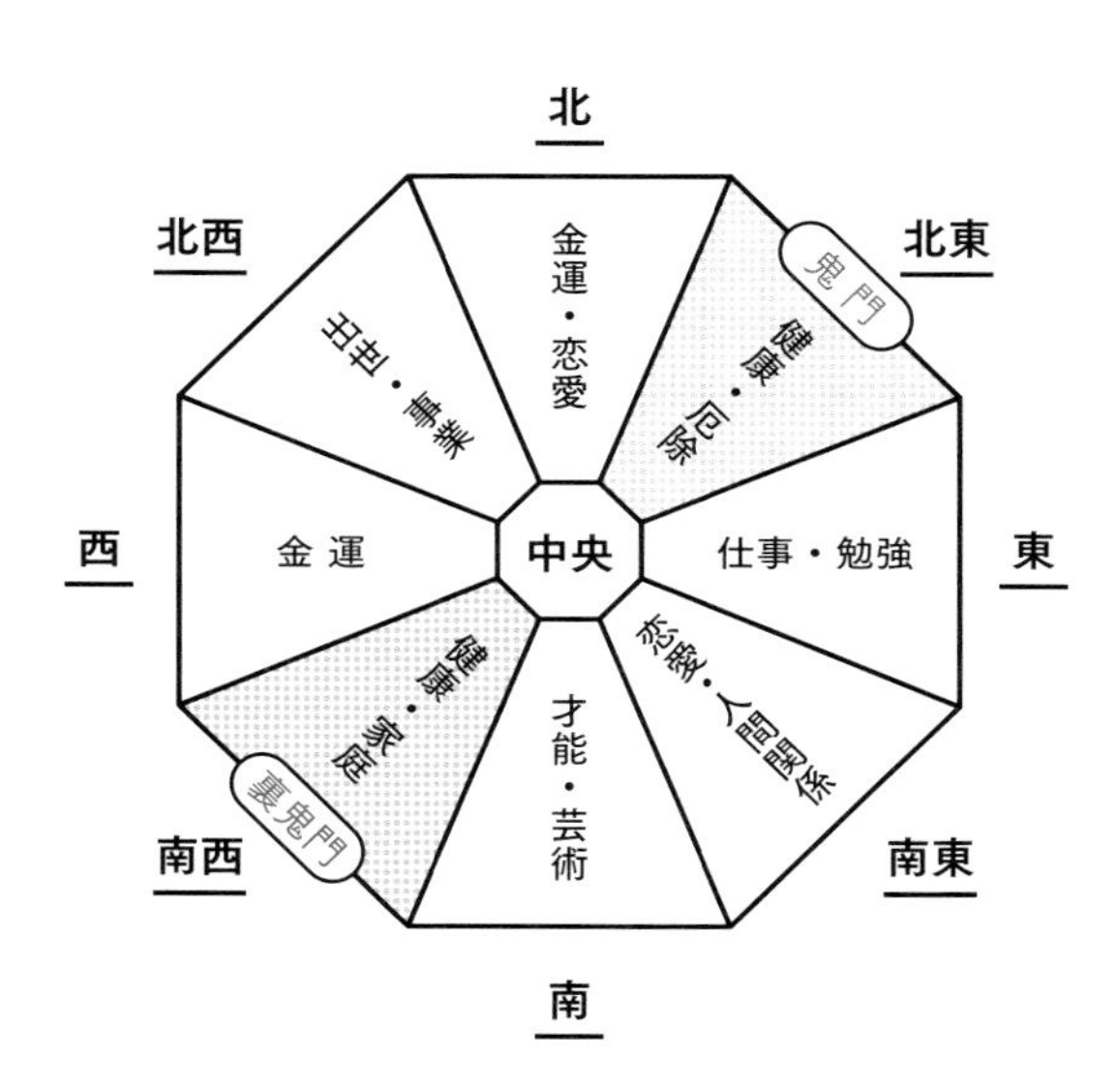

気になる家相と風水

家相は日本で生まれた学問で、風水は紀元前から中国に伝わる、建物の配置や自然との関係性から考えられた学問。間取りに関する考え方を家相、土地に対する建物や室内における部屋やインテリアの配置に対する考え方を風水と分けて考えるとわかりやすいです。

分の意思でいつでも降りられるから平気)。都心で仕事をする機会が圧倒的に多い私にとって郊外に住むことは交通費を考えると厳しいということで、夫も理解してくれました(感謝)。

ここで占いで言われた「買うなら今年（2021年）の5月、真南しかない」の言葉が脳内をこだまし始めます。いつもの引っ越しではなく新居購入となったら、時期や方角、いつも以上に気になっちゃう！　だってあんな有名な占い師さんに言われちゃったんだもん！　……絶対絶望的状況です。

時期以外にも気になるのが家相や風水。家相には鬼門（避けなければいけない方角）があり、風水には鬼門がありません。本気で取り入れるなら両方を組み合わせる必要あり。私はできることだけやっておきつつ、最終的には住んでいる人たちが住みやすい！　と思えたらそれでオッケーという考えです。

15坪の小さな土地との出会い

土地は出会い。出てくるものです。海の近くでもなく、今住んでる家付近よりは安くて、都心に程近いのに少しのんびりとした空気が流れる、子育てにもよさそうな土地。

そもそもマンションに絞って物件を探していたのに、やたら土地を勧めてくる不動産屋に不信感いっぱいだったのですがあまりにしつこいもんだから一度だけ流れに身を任せてみようと、言われるがまま見に行ったのが、15坪の小さな土地でした。坪数で言われてもピンと来ず、ふ〜んくらいの感じでした。そこにはまだ家が建っており、おばあさんが一人で暮らしていました。外から見ても広くはないけど、超絶激狭という感じはありませんでした。以前は家族で暮らしていたそうですが、これからは息子さんの家に住むことになり長年住んだ家を手放すことにしたんだそう。家の中にはもちろん入れずでしたが、

2018年頃

家族構成や人生のステージが変わるたびに暮らしは変化し、住みやすいと感じる家も変わっていきます。未来は何があるかわからないから今の自分たちの理想に近付けること、想像の範囲内で無理なくできることは今から取り入れた家づくりをしたいと思いました。

外から凝視する私。近隣の家の外観や植物の手入れの様子からどんな方が住んでいるのかなと想像したり（三輪車があれば小さな子どもがいるなど）、道路環境（ゴミが散らかっていたりしないか）を見たり、あらゆる角度から写真を撮って入念にチェック。

立地よし！　角地！　日当たりよし！　隣接した南側の土地は近くに建つマンションの裏口にあるほぼ使われていない駐輪場！　小学校の雰囲気もよし！　事故物件なし（これ重要）！

このときは夕方でしたが、明るい大通りから大股10歩のところなので、夜中歩いても怖くない明るさ！しかも家が建つ場所は私道なので誰でもかれでも入って来られない通り。コンビニも近い（愛しのセブンイレブンではないけど）！　くすみピンクとくすみブルーの建物が近くにあるのもかわいいじゃないか、と。

暮らしやすい家のサイズを知る

テンションが上がりまくった私は、（土地を見るだけの予定だったので）家で留守番をしていた夫と娘を意気揚々と呼び出し、土地を見てもらうことに。駆けつけた夫と娘も「いいじゃんいいじゃん」と気に入って、即決して契約へ。私より判断が早い夫にはびっくり。初めて見たひとつ目の土地で、その日のうちに契約するということにみなさん引いているかもしれません。アホだと思っていると思います。アホかもしれません。でも出会いってそういうものなんだと思います。直感も大事だと思います。

しかも、占いで言われた方角内にすっぽり（ギリギリかも）収まり、1年早すぎると思っていた理想の時期にまんまと土地契約できました。入居は1年後ですが、土地契約したんだからこれはもう引っ越したも同然！　という自己暗示をかけました。

この日、全集中力を使い果たしていたのですでにヘトヘトでしたがその足で不動産屋に戻り、仮契約。翌日は日曜でしたが「手付金の支払いをしてください」と、ものすごい急ピッチで進めてくる感じに不動産屋へのさらなる不信感を募らせつつ、でも気持ちは夢のマイホームに。月曜には本契約。それなりに有名な不動産屋でしたが、次々と担当が変わるので顔と名前も覚えられない状態。今となってはどうでもいいけど、不安感を与えたりやたら急かしてくる不動産屋にはやっぱり気を付けて、とみなさまにはお伝えしたいです。

このとき私たちはすでに引き返せない状況でしたがそこから私の鬼リサーチが始まりました。「小さい　家」「狭い　土地」「15坪　家」など、いろんなワードを組み合わせて出てくるのはどれもこれも「狭小住宅」の文字。

姫路と高知に住む両家の両親に伝えると反応は「15坪でその価格!?」「やってもうたな〜」でした。地元の相場感で言えば、この反応は当然と言えるでしょう。でもそれが東京の土地相場の現実なのです。わかっちゃいるけど、両親たちからの反応にはやっぱり少し胸が痛み、とんでもない失敗をしてしまったような不安な気持ちに襲われました。「やっぱり狭すぎるのかな」「高すぎるのかな」「騙されたのかな」「人生終わったかも」……とさえ思いました。この時期、いろんな情報に翻弄され過ぎて、感情が揺れ動きやすくなっていたと思います。

同時にリサーチを続けていると、狭くてもこんなステキな暮らしをしている人がいるんだとわかり少しずつ私たち夫婦の目に輝きが戻り始めました。私たちにとって理想の暮らしは「大きくて立派な家」ではない。自分たちが暮らしやすいサイズの〝好き〟が詰まった家だったのです。

諦めない心
ここからが本番

その頃、私は編集の仕事をする傍らで整理収納アドバイザーの資格を取得し、暮らしについて勉強をしていました。広くて開放感のある家にはもちろんとても憧れます。大きな窓から眺める緑いっぱいの景色。うっとりしますよね。収納に困ることもないでしょう。

でも私は「あえて小さな暮らしを選ぶ」に頭をスパッと切り替えることにしました。肩を落としていた夫にも「ここから先は私にまかせて！　でもお金はよろしくな！」と狭小でも理想の暮らしを実現する、腕の見せどころだ、やってやろうじゃないかとメラメラ燃えてきたのです。そう思えたのは、すでに狭くてもステキな暮らしをしている諸先輩方のお手本が（インスタグラムなどに）たくさんあったから。そして胸を張って、自分らしさを加えた小さいからこそ住みやすい家がつくれると考えられるようになったのです（そうするしかなかったとも言える）。

土地を購入した不動産屋には、その土地に見合った社内設計士がおすすめする建築プランが用意されていて、それをベースに間取り・内外装・設備が選べるセミオーダータイプのものでした。プランを改めて拝見すると私たちの考える住みやすい動線、３人家族に必要な収納の確保、ビジュアル面のすべてが途方に暮れるほどかけ離れたものでした。そもそもこの中から選べます、と用意された内外装や設備のセンスが合いません。ただし、めちゃくちゃ低コスト。金額と土地の広さや環境ばかりに目がいってたけど、建築プランをじっくり見たのが契約した後だったのは大きなミスでした。

これはまずい。不動産屋の思うがままだ！　さあ、どうしたものか。不動産屋に慌てて問い合わせると土地が売れたら用なしと言わんばかりに、「ほかの設計事務所で建てていただいても全然大丈夫ですよー！　うちより安いところはないと思いますけど」と。確かにこの予算で建てられるところはほかにないだろう。知人の工務店によると、この不動産屋で土地を買うのはいいとしても家を建てるのは「ファッションセンターしまむら」で服を買うようなものだと言われました。「しまむら」が悪いのではありません。「しまむら」はすぐにサイズアウトする子どもたちの成長に欠かせない、神様のような衣料品チェーンストアです。だけど今回は違う。一生がかかった家の話です。ここで上物まで妥協したらそれこそ失敗に終わってしまうでしょう。

これまでの人生、数々の試練と修羅場をくぐりながら、なんとか乗り越えてやってきました。フリーで育った人間は強いんです！　ここからは私の意地とプライドをかけた注文住宅づくりのスタートです。

お金のはなし

家を買うにあたって一番気になるお金のこと。毎月の返済額はいくらなら無理なく支払えるか。ボーナス返済をする場合、いくら支払えるか。ちなみに私たち夫婦は共にフリーランスなのでボーナスはなし。頭金をいくら出せそうか。親からの援助などはあるのか。とにかく無理なく出せる総予算を慎重に決めていきます。そして、その中から、土地代・建物代・外構費・諸費用の予算へと振り分けていく作業に入ります。悩んでしまったら早めにファイナンシャルプランナーに相談してみるのもおすすめ。私は不動産屋が紹介してくれたファイナンシャルプランナーによる無料相談で人生設計が見えてきて、気持ちがかなり楽になりました。

借入年数はどれくらいで、金利は変動でいくか、固定でいくか。ローンは一人で組むか、夫婦のペアローンなのかなどを決めて、事前審査に出す金融機関を不動産屋などと相談していきます。

何を聞かれてもどちらが正しいはありません。それぞれの家庭の金銭事情に合わせて、冷静かつ慎重に設計していくことが大事です。我が家の場合は、借入年数35年の変動金利。親からの援助はなしで、その後の暮らしに必要なある程度のお金をきちんと残して、頭金をがんばって支払いました。

そして、着工に取り掛かる前にそれぞれのボーダーラインを決めていきます。

- **総予算はいくらまで？**
- **借入額はいくらまで？**
（希望通り借りられるかはわからない）
- **本申し込みをする金融機関**
（希望の金融機関で借りられるかはわからない）

総予算は最初に考えていてもほとんどのケースが超えてしまうらしい。しかも数百万単位で！　実際に我が家も！　金銭感覚がおかしくなります。

ただし、理想を追い求めすぎて支払いができなくなってしまっては本末転倒。

例えば、都心から離れれば土地代は安くなるけど、交通費の負担が増えてしまいます。どちらを優先すべきか。そういった自分たちのライフスタイルと重ね合わせながら考えていきましょう。

土地を見極める

現地へ行く前に資料で土地情報を入念にチェック！こんなところで遠慮してたら家づくりなんてできないですからね。心は優しく、見極めるべきときは強気でいきましょう。エリア周辺のことはもちろん、土地面積、価格平均を細かくチェック。土地の購入にはほとんどの場合で仲介手数料（土地の販売に仲介役として入ってくれた不動産屋に払う手数料）がかかることも念頭に入れておきましょう。

土地の引き渡し条件

「現況」と書かれている場合は現状のまま引き渡されるということなので、まずは現地で状況確認しましょう。土地にまだ建物が建っている場合は、更地渡しと記載されていることもあります。私の場合はこれでした。このケースは、不動産屋や売主が解体をしてから土地を引き渡してくれますので、解体費用がかかりません。

仲介手数料（400万を超える場合）の計算式はこちら
（2023年現在）

仲介手数料＝（土地価格 × 3% + 6万円）+ 消費税10%

例えば、1000万円の土地を購入した場合、仲介手数料は
39.6万円になります。
（1000万円×3%＋6万円）×1.1＝39.6万円

設備

「電気」「上下水道」「ガス」などのライフラインのことで、上下水道管が敷地内まで引き込まれているかどうか。不動産屋が手配して上水道管を敷地内へ引き込んでくれたり、市が下水道管を敷地内に引き込んでくれる場合もありますが、買主が引き込まないといけない場合は別途費用が!! 我が家の場合はすでに前に住まわれている方がいる時点で問題なしでした。

接道

土地の目の前に接している道路のこと。接道がどこの方角に接しているかで、建物の配置や日当たりなどの条件が変わってくるのです。南道路だと日当たりがいいですが、南北に長い土地であれば北道路でも日当たりは問題なし! また、接道の道幅が4m未満だと自分の土地を少し削って道路として寄付する「セットバック」をしなければなりません。そしてまさに我が家の土地はこれに該当。土地面積が減ってしまうので、前面道路が4m未満はおすすめしませんが、ほんの数cmだったので私は妥協しました。

～土地の現地確認編～

現地へ足を運んだらチェックしたいポイント。資料を何度見たって現地で見る印象にはかないません。土地全体の雰囲気も大切ですが個人的にチェックしてほしい項目を紹介します。

□ **前面道路の幅**

□ **日当たりを悪くする建物や障害物がないか**

※東と南からの日差しの入る土地がおすすめ。

□ **道路だけではなく、隣家との地盤面の高低差も確認を。問題になるのは隣の建物より低い場合です。低い場合は土地全体に盛土をしますが、若干低い程度だと建物を建てる部分しか盛土をしない住宅会社もあり、雨が降ったときに自分の敷地内に水が溜まってしまうなんてことも！**

□ **電柱の有無。電柱や電線がないと電気を引き込むことができないので、新設しなければなりません**

□ 前面道路に上下水道の本管が通っているか

※ 資料に記載していない場合があるので要注意！　自己負担でやると数十万～数百万の出費に。水道や下水と書かれたマンホールが近くにあれば問題なし。

□ 土地の境界に杭が入っているかをチェック。これは境界確定の印で、隣の土地の所有者のサインなども必要になるので手間やお金がかかります

□ 隣の家がブロックフェンスを施工していれば、やらなくてもいい場合もあります。それによって外構費用が抑えられますが我が家は付けたかったフェンスがあったけど、すでにフェンスが付けられていたため断念

□ 隣の家の木などが土地に侵入している、または手入れが行き届いていない場合は地味に苦労します。私も秋になると手入れされていない紅葉が風に乗って我が家の庭に溜まる現象が起きることを住んだ後に知ることになります

～土地の周辺環境編～

周辺環境にもしっかり目を向けましょう。周辺環境はマップだけでわかる情報もありますし、現地へ行かないとわからないこともあります。

□ 小さな子どもがいるなら車通りや人通り、通学路の確認

※可能なら平日や休日、朝や夕方など時間を変えて見に行くことをおすすめ。

えらそうに言ってますが、私は朝と夕方の一度ずつしか行ってません

□ 事件や事故多発地点じゃないか

□ 事故物件が近くにないか

□ ゴミ捨て場の場所

遠すぎても不便だが近すぎてもちょっと……

□ 近隣の道路が汚れていないか

□ 利用頻度の多いスーパーマーケットやコンビニエンスストア、ドラッグストアが近隣にあるか

□ 急な発熱やケガのときに通院できそうな病院が近くにあるか

□ 通勤しやすい場所か

□ 周辺の音やニオイは気にならないか

以上、私が気になった土地の話でした。すべての条件を満たした土地はなかなかありません。自分で理解した上で、それを超えるほどのメリットを感じるなら価値のある土地だと思います！

ほかにもチェックしておきたいのがリスク対策。日本は災害の多い国だからこそ、何らかの危険地域に該当する可能性は少なくないので、ハザードマップでの事前確認は欠かせません。土地の安全性やリスクを確認できるハザードマップに記載されている災害は、洪水、津波、高潮、土砂災害、地震など。自治体のホームページや国土交通省の「ハザードマップポータルサ

イト」から確認できます。不動産屋が用意してくれることもあり、我が家の場合は一式用意してくれていました。危険なエリアをすべて避けることは難しく、完璧に避けようとすると理想の土地を諦めなくてはならないことも。リスクのレベルにもよりますが、様々なリスクに対応した家づくりを目指しましょう。

ハザードマップと合わせて見てほしいのが古地図。その土地が昔どのような土地だったかを知ることができます。沼を埋め立てた土地なら、軟弱地盤で地盤改良工事が必要になる可能性が高いです。

水害対策

- 盛り土をして土地を高くする
- 1階をRC造の駐車場にして2階より上に居住スペースを設ける
- 鉄骨造の3階建てにする

地震対策

- 耐震構造の家：地震の揺れに耐えられる
- 制震構造の家：揺れを吸収して小さくなる
- 免震構造の家：揺れを家に伝えない構造、地震による揺れを1/5～1/10に減少

火災保険に加入しよう

これは家を買って最後の最後にやってくる火災保険のお話。火災をはじめとする自然災害への備えとして火災保険には必ず加入しましょう。地震の被害が心配な場合は地震保険を付ける、水害のリスクが高いなら水災補償を付けるなど、想定される被害が補償されるようにしておきましょう。我が家は火災保険、地震保険に加入しました。

地盤調査＆地盤改良工事の費用

地盤調査や地盤改良工事という言葉を聞いたことはありますか？　私は見たことも聞いたこともありませんでした。どうせ家を建てるなら強い土地に建てたいですよね。

地盤調査とは、その土地に家を建てても大丈夫かを専用機器で調査すること。住宅の耐震性・耐久性などについて調べながら住宅の「基礎」を設計するので、地盤に問題がある場合の地盤改良工事を行う必要があります。もしその土地が軟弱だったにも関わらずなんの対策も取らないまま家を建ててしまうと、重みで不同沈下したり、家が傾いてしまう可能性が。軟弱地盤は地震にも弱く、木造住宅だとさらに大きく揺れる共振現象を引き起こす場合もあるのでとても重要な調査なのです。

しかし、地盤改良工事が必要だと判断された場合、地盤改良工事の費用が生じます。それだけでなく、地盤への負担を減らすため2階建てまでしか建てられなかったり、部材の軽い木造住宅しか建てられなくなるなど、規模・構造に制約を受けてしまうことも（涙）!!

地盤改良工事とは、軟弱地盤の上に家を建てられるように地盤に改良を加える工事のことです。地盤改良工事には「表層改良」「柱状改良」「鋼管杭改良」の3種があり、地盤の状態や建物の重さによって、条件に適した改良工事を行うことになり、内容に伴った費用がかかってきます。

表層改良

地表から2m程度掘ったところにセメント系の材料と土を混ぜ合わせたものを流し込み、全体的に固めることで地盤を強化する方法。軟弱地盤層が比較的浅い部分にある場合に用いられます。

柱状改良

基礎の下に数カ所、真下に長い穴を掘り、セメント系の材料と土を混ぜ合わせたものを流し込むことで太い柱状の杭をつくり、強い地盤層まで重さを伝える方法。表層改良ができない敷地や軟弱地盤が深い場合（地表から2～8ｍ）に用いられます。

鋼管杭改良

基礎の下に鋼管やコンクリート製の杭を打ち込む方法。真下の地盤には期待せず、硬い地盤まで深く杭を打つことで建物を支えます。良好な地盤までの距離がかなり長い場合や、地盤の硬さが敷地内で不均一な場合に用いられます。

軟弱地盤リスクが高い土地の条件とは、河川の近くや海の近く。含水率が高い土地は軟弱地盤であることがほとんどなのだそう。そういった場所を避けて土地探しをするのもひとつの手かもしれませんね。

- 水害が多い地域……当然ですが、軟弱地盤が多いです
- 砂質地盤(さしつじばん)……細かい砂がゆるく積もった地層のこと
- 埋立地……土砂を積み上げることによって人工的につくり出された土地のこと
- 傾斜地の盛土部分……傾斜地に土砂を盛り上げることで高さを出して、平坦な土地をつくっている地域のこと

地盤調査と地盤改良工事の費用をおさらい

地盤調査費用……一般的な住宅で5万~10万円程度
地盤改良工事費用……表層改良で20万~40万円程度
(やってみないとわからない)
柱状改良…………40万~70万円程度、
鋼管杭改良90万~130万円程度

必要に応じて地盤改良工事費用がかかりますので、あらかじめ資金計画に組み込んでおきましょう。我が家はトータルで60万ほどの地盤改良費が一瞬にして吹き飛んでいきました。

外構工事にかかる費用のはなし

外構費用は、忘れた頃にやってくる大型出費です。予算をかけようと思えばキリがないですが、あなたはどこまでこだわりますか？

ブロックフェンスや駐車スペースのコンクリート、防草シートと砂利敷き、門柱などの基本的な外構工事があります。せっかくステキな家が建てられても外構が中途半端になっちゃうともったいない！　でも家を建てた後で、予算を立て直してからじっくりやる人も結構いるそうです。私はそんな面倒なことはできない！と思い、どれくらいの予算をかけるかは最初になんとなく決めて引き算方式で進めていきました。

外構工事にかかる主なもの

●ブロック

ブロックを積み上げると完全に目線を遮ることができますが、建築基準法では、ブロック積は2・2mまでという高さ制限があります

●フェンス

ブロックの上に施工する場合が多いです。デザイン性の高いものや目隠しになるタイプなど、種類が豊富なので楽しいです

●機能門柱

表札・ポスト・インターホンが組み込まれた門柱のこと。外構メーカーがセット品として販売しているものと、外構屋手作りの門柱があります

●カーポート

カーポートを設置することで、駐車スペースの上に屋根をかけることができます。車が汚れにくく、雨に濡れずに車から乗り降りができます

●ガレージ

雨風は防いだり盗難被害から守られやすくなったりします。面積が10㎡を超える場合や準防火地域・防火地域の場合は、建築確認申請が必要に

●駐車場コンクリート敷き

敷地内に車を駐車する方はコンクリートを敷くことをおすすめします。土のままだと、大雨が降ったときにタイヤがはまって車が動かなくなる可能性も

●アプローチ

敷地の入り口から玄関までの道をつなぐ外構のこと。多くの人が通る場所なので、汚れにくい色を選ぶことがポイントです

●ウッドデッキ

ウッドデッキでバーベキュー、夜空を眺めながら1杯……ステキ。樹脂製のウッドデッキは耐久性が長く、メンテナンスの手間も少ないです

●植栽

庭に緑を取り入れると、晴れやかな気分に。我が家はシンボルツリーとしてオリーブの木を植えて、夜はライトアップしています

●防草シート+砂利

芝やコンクリートを敷かない空間は、砂利の下に防草シートを敷いておくと草が生えにくくなり、手入れが楽ちんです

●人工芝

子どもやペットを庭で遊ばせたい場合は、芝がおすすめ。人工芝はお手入れ不要で日当たりも気にせず、1年中きれいな緑色の芝が楽しめます

●天然芝

人工芝より安価ですが、芝刈りなどのお手入れにとても手間がかかります。人工芝より柔らかいので転んでもケガをしにくいメリットも

●物置

家の中にできれば置きたくないタイヤや庭のお手入れ用品、自転車置き場として便利。サイズによってかなり金額が変わります

外構工事を適正価格で行うコツ

ハウスメーカーで契約しない!?

口を揃えて言われたのが、外構はハウスメーカーなどの住宅会社が自社のエクステリア担当者からそのまま下請けの外交業者に依頼するから、契約しないほうが安くつくれるケースが多いという情報。

うちはハウスメーカーが外構まですべて自社でやっていたこともあり、住んでからのメンテナンスと時間的に考えても一括して頼んでしまったほうが楽そうだったので、周囲からの助言は聞かずにハウスメーカーにお願いしました。相見積もりを取っていないのでどれくらい損得があったのかはわかりませんが、家をつくるために何人もの人とやりとりをするのは、想像以上にストレスが大きいので私はよかったと思ってます。

原価に対して外構業者の利益が乗った見積もり⬇ハウスメーカーの元に提示⬇そこにハウスメーカーの利益が上乗せ⬇最終見積もりの流れなので、住宅会社で外構をお願いするにしても時間と気持ちの余裕があるなら相見積もりを取りましょう。

相見積もりを取る

同じ内容の見積もりを2社以上の業者に依頼することを相見積もりと言います。住宅を扱うハウスメーカーでは、自社開発の商品や使う部材が多いので見積もりだけでは比較しにくいのですが、外構ではメーカーの商品を使う場合が多かったり、施工の方法も業者によってほぼ違いがないので、見積もりで金額の比較がしやすいです。

我が家はそこまで外構にお金をかけていませんが、シンボルツリーやそのほかの植栽、ベンチを置いてお風呂上がりに涼んだりできるスペースがあるだけで幸福感に満ちています。それがなかったら、毎日家に帰ってきたときの外構を目にしたときのワクワク感も半減していたかも。雨避けができるくらいの木目調の軒天にダウンライトを付けたのと、人感センサーライトも付けたので遅く帰ってきたときの安心感もあります。理想の外構ができるように、資金計画の段階からしっかりと予算取りをしましょう。

暮らしに馴染みはじめた頃の外構。少しずつ少しずつ植物が増えてベンチも加わりました。庭と呼べるようなものではないけれど、我が家にとっては風呂上がりに涼む憩いの場。あるのとないのとじゃ全然違うんです。夏はここでプール開きします（笑）。

あえて小さな暮らしを選ぶ

- □ 家づくりは自問自答で決まる
- □ 土地は出会い。いつかきっと出会える
- □ 理想の暮らしは「大きくて立派な家」ではなくて、「自分たちの暮らしやすいサイズに合った家」
- □「あえて小さい家を選ぶ」という頭にスイッチング
- □ 見栄は張るな、妥協もするな
- □ 地盤改良費をなめると危険

2

小さな家ととことん向き合う

ハウスメーカーと工務店どっちにするか

家を建てるためにまずやったことは情報収集。私だけでなく一緒に暮らす家族全員の現在、これからの住みたい暮らしをできるだけ具体的にイメージしていきます。そこからはいよいよ施工会社探しです。施工会社には2通りの種類があります。

- **多くの物件を建てるハウスメーカー**
- **地域密着型の工務店**
- **個人の一級建築士事務所**

私は「狭小住宅　建築」などで検索をかけ、最新技術を導入していてかつ高性能の住宅を多く建てているハウスメーカーから選ぼうと思いました。純粋に新しいものや高性能なモノが好きなため。

デザインや雰囲気、間取りなど過去に手掛けた物件例などがwebに掲載されていることが多いので、ある程度得意とする雰囲気を判断できます。気になったハウスメーカーにアポを取り希望額を伝え、数社に間取りを依頼して相見積もりを出してもらうことに。悩んだ末、4社に絞りました。このとき、2021年6月。

ちなみに無知な私が依頼した希望条件はこちら。

絶対条件

- 1階の洗面・洗濯・ファミリークローゼット・寝室・トイレを回遊動線にする
- 2階にリビング
- 風通しがいい（コロナ禍でもあったので風が抜ける空気の循環のいいつくりを意識）
- 限界まで広いリビング確保
- 部屋数（リビングダイニング、寝室、子ども部屋、書斎、WIC）確保
- ナチュラルではなくスタイリッシュな中に温かみがある雰囲気
- 最小限の風水（鬼門の北東、裏鬼門の南西に「玄関・キッチン・トイレ」をつくらない、玄関とリビングは明るく日当たり良好であること）
- 程よい収納数
- 天井はできるだけ高く
- 閉所恐怖症なので圧迫感のないように
- 玄関は狭くていいのでその分部屋を広く

可能なら取り入れてほしい条件

- リビングに造作ワークスペース
- リビングに造作棚
- スイッチニッチを付けたい
- マグネットクロスを貼れる場所がほしい
- キッチンや洗面所など人の渋滞が起こりがちな場所のスペース確保
- 壁掛けテレビ
- 吹き抜け天井

一番こだわりたかったのはやはり動線です。とにもかくにもめんどくさがりで、仕事が大好きな私にとって、日々の無駄な動きは天敵であり大きなストレスとなります。家事・料理・炊事・洗濯。このすべては生活のために欠かすことのできないものです。しかし、そこには無駄な動きが必ず潜んでいます。

ご自宅の家事動線を思い浮かべてみてください。出し入れしやすいか、不便だなと思うことはないか、開けづらい引き出しはないか、いつもモノを探していないか、家の中を行ったり来たりしていないか。このとき、家が広ければ、その分掃除する場所も増えて、収納スペースは増えるけど、モノも増えやすいという点に改めて気付きました。小さい家、いいかもしれない！

私はいかに少ないアクションで家事を済ませられるかに命をかけています（大袈裟！・）。文句言ってる

悩んでやめた条件

- ●和室
- ●ニッチ
- ●トイレ2カ所（掃除が大変だから1カ所でいい）
- ●ロフト（腰痛持ちだからどうせ使わない）
- ●脱衣所とランドリースペースは一緒でいい
- ●お風呂の窓
- ●アーチ壁

そして、理想の部屋のイメージをピンタレストやインスタグラムでひたすら収集し、画像リストをハウスメーカーの担当さんと共有しました。不動産屋で「風水が〜」「占いで〜」というと鼻で笑われることが多かったけど、建築士さんは「そういう方たくさんいますよ」「最低限の風水は建築する際にいつも取り入れてある」というところがほとんどだったのも印象的でした。

ないで体動かせばいいじゃないの。いやいや、今はそんな時代ではありません。手抜きをすると言ってるんじゃありません。不便な時代は、今でいう「無駄」を必死でこなしてこそ「主婦！」のイメージだったかもしれません。今は不便をしてでもやることが正義ではなくて、ちょっとした工夫から不便をなくすことで時短して、好きなことに時間を使う時代なのです。理にかなっていますよね。無駄を省くことは1㎜も悪いことではありません。

私の場合はめんどくさがりだからこそのラク家事を求めています。明日の自分、あさっての自分のためにがんばってます。今やっておけば未来の自分が楽になる。そんな仕組みを作れば、何かを運ぶ手間が減る。毎日の献立を考えたり買い物に行く時間がないなら、オイシックスなどのミールキットに頼ったらいいんです。大好きな家族と私が私らしく笑顔で過ごすためにも、大好きな仕事を減らすのではなくてラク家事を取り入れたい。家のことと、同じくらい仕事してたら時間がいくらあっても足りないのです。大好きな韓国ドラマを観る時間だってほしいのです。子どもと遊びたいのです。友達とも遊びたいのです。無駄な家事・動線を減らして、ラク家事を目指しましょう。

話が逸れてしまいましたが、家事とは家族のため自分のため、生きていくために家族みんなで協力し合ってやれるのが理想ですよね。ならば、いかに楽して（これを手抜きという人はこの本をそっと閉じてください）、自分の時間をつくるかをもっと本気で考えて努力したほうがいいよね、と思うのです。家づくりはそれを根本から考えられる絶好のチャンスなのですから。

4社からの回答はこうでした

A社

個人の一級建築士事務所。ここでつくられた建築物がとても好みでした。建築士さんが手掛けられた物件をいくつも見せていただき、ここしか考えられないというくらい虜に。3案の間取り図を予定よりも大幅に遅れながら作成してくださいました。3案も考えてくださったのは好感しかないのですが、電話やメールのレスポンスがいちいち遅い。伝言ミスも多いし、締め切りや約束を守れない時点でちょっと……。ものすごい天井高を確保しているけど、うちの土地条件では法律的にできない間取りでした。条件面などを見逃していたのでしょうか。この調子では、翌年4月入居も怪しいのでやむなく却下。

B社

狭小住宅を得意とする個人の一級建築士事務所。

人のいいおじさん建築士さんだったのですがいただいた間取り図は、こちらの意図がまるで伝わっておらず……。キラキラ楽しそうな笑顔が忘れられないけど、こちらも人生がかかっているので却下。

C社

感触はよかったものの初めから「500万はオーバーするね。でも期待以上のものにする自信はあるから」と言われ、500万超える時点で期待以下だったので間取り図の依頼せず。

D社

友人のステキな家を建築されたハウスメーカー。友人の家を見ていたので安心感があり、しかも提示していた額より安い見積もりで間取りも3案提案してくれました。かなりの好印象。しかも3つの中に私たち家族の心を鷲掴みにした間取りが!!

というわけでD社に決定! 間取り図を見て、改めて私たちが選んだ土地が「狭小」「難しい条件」であったことなどを知るきっかけとなりました。しかし、それらを含めても、D社の間取り図は難点を打ち消すほど魅力的なプランでした。私がお願いしていた「玄関は狭くてオッケー」を思いきりスルーしてきたのもいい裏切りです。小さな家なのに目から鱗の広い玄関が気に入りました。狭いからといって、こじんまりするのがすべてじゃない。大きく見せられるところを大きく見せることで開放感に繋がり、光が差し込む明るい玄関に。これぞ、プロの仕事。そしてD社と契約を結ぶことに。いよいよ間取り図を詳細な設計図へと落とし込んでいく作業に入ります。

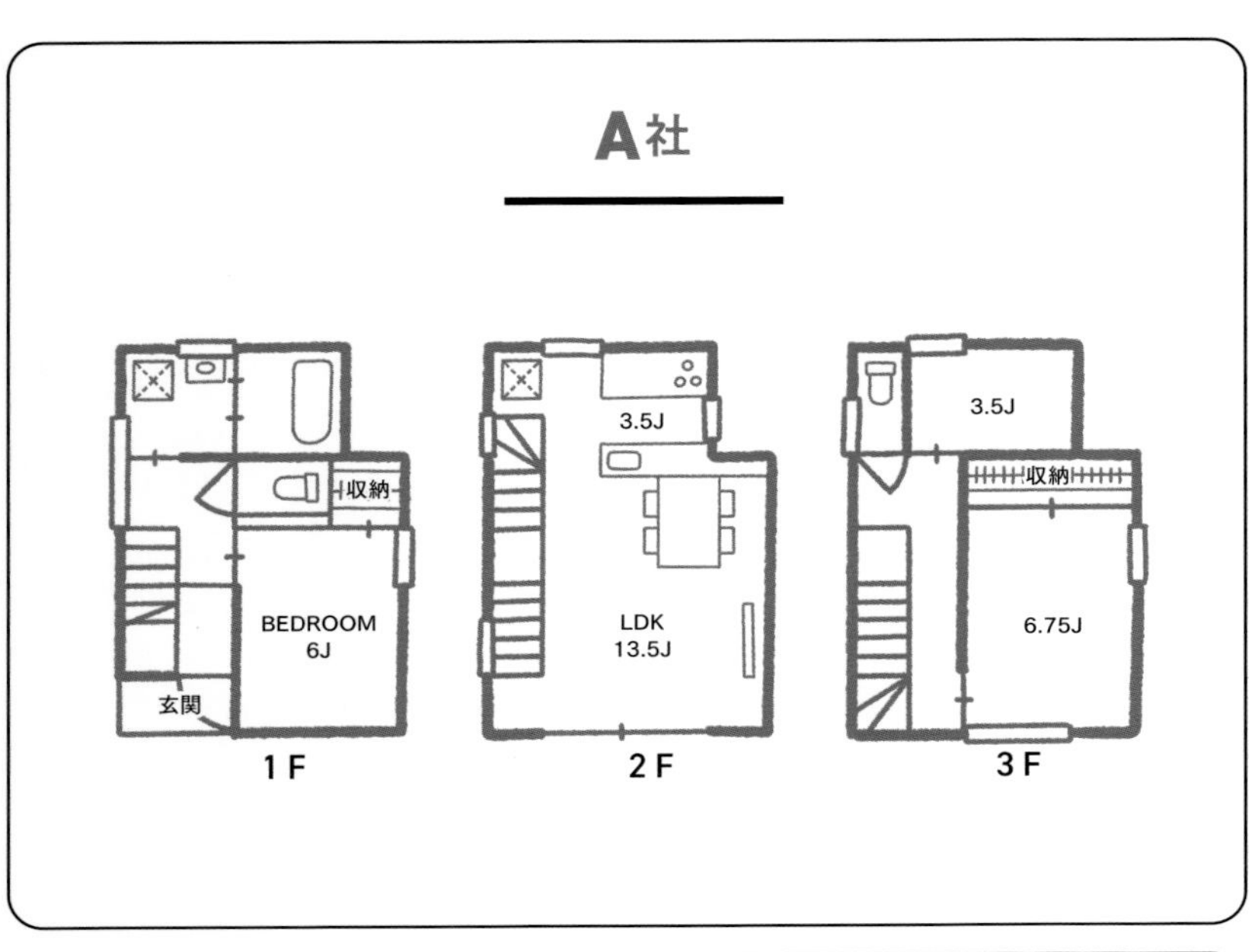
A社
収納
BEDROOM
6J
玄関
1F
3.5J
LDK
13.5J
2F
3.5J
収納
6.75J
3F

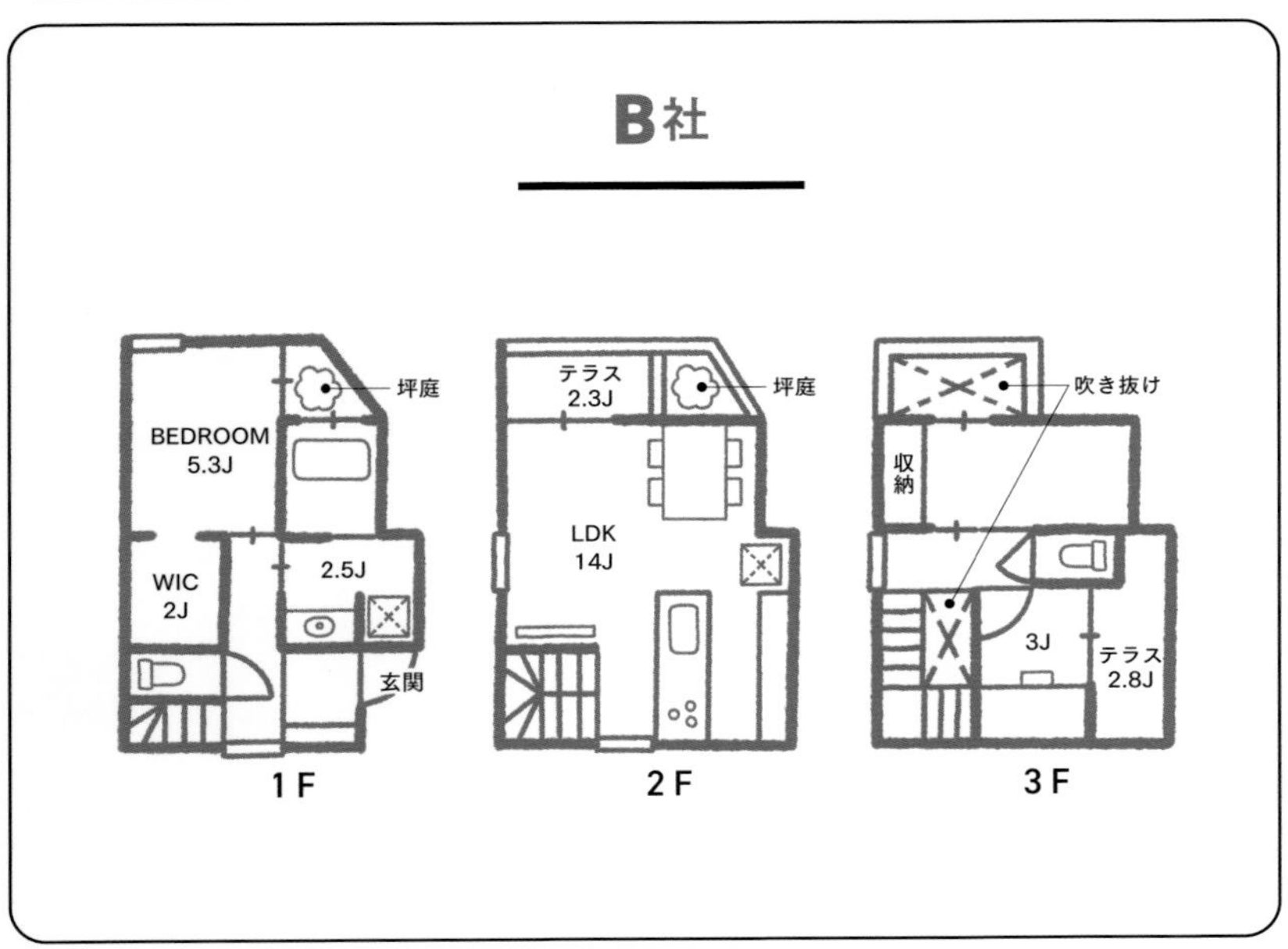
B社
坪庭
BEDROOM
5.3J
WIC
2J
2.5J
玄関
1F
テラス
2.3J
坪庭
LDK
14J
2F
吹き抜け
収納
3J
テラス
2.8J
3F

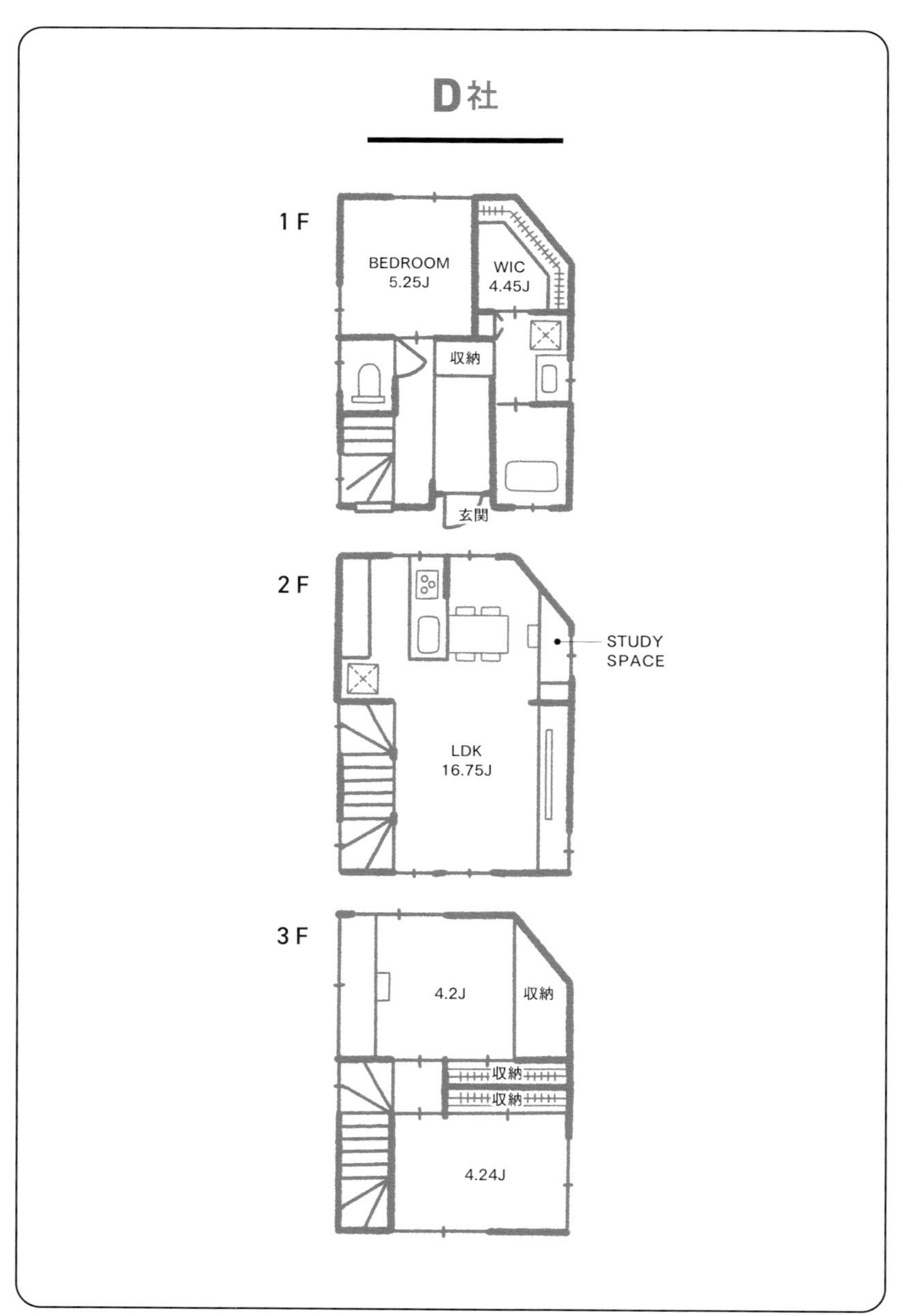

各ハウスメーカーからの最初の間取り図。ここから修正が入り、最終的にはかなり変わっていきます。

間取り確定前に立ちはだかる土地条件

家を建てていく過程で、間取りの確定に一番時間がかかりました。暮らしの充実度や得られる満足感のほとんどが間取りで決まるからです。ここで重要な問題点を見逃してしまうと後戻りが利かなくなります。余計な予算が発生してしまうこともあります。リサーチにリサーチを重ねて、間取り図から想像を膨らませて落とし穴がないか、隅から隅まで徹底的にチェックです。めんどくさくなったら一度時間をおいて冷静に。

D社と契約を結び、最初の打ち合わせで、性能や構造についての説明がありました。D社ならではの魅力やら断熱素材や換気方法など難しい話ばかりでしたが、私がひたすら訴えたのは「耐震構造さえしっかりしてもらえれば！」ということ。あとはプロにお任せします！　と、苦手なことはちんぷんかんぷんで華麗にスルーしていきます。

防火地域と準防火地域とは

土地問題で大きかったのが、防火地域・準防火地域について。これは、都市計画法において火災の危険を防ぐために定められるエリアのことで多くの場合、駅前や建物の密集地、幹線道路沿いなどが指定されているそうなのですが、我が土地は小さいながらにその両方のエリアに引っ掛かっていました。

防火地域・新たな防火規制区域・準防火地域については、家の階数や延床面積などによって耐火建築物か準耐火建築物にしなければなりません。木造で耐火構造にする場合は、専門知識が必要だったり工程が増えるなどするため一般的な木造住宅よりも工期が長くなったり費用が高くついたりすることもあるそう。なので、我が家はただでさえ小さな土地ですが、耐火構造にしなければならない土地部分を避けて、準耐火建築物として家を建てることにしました。もったいないような気もしたけど、それがのちのち玄関前のちょっとした憩いの場となり、今では後悔はありません。

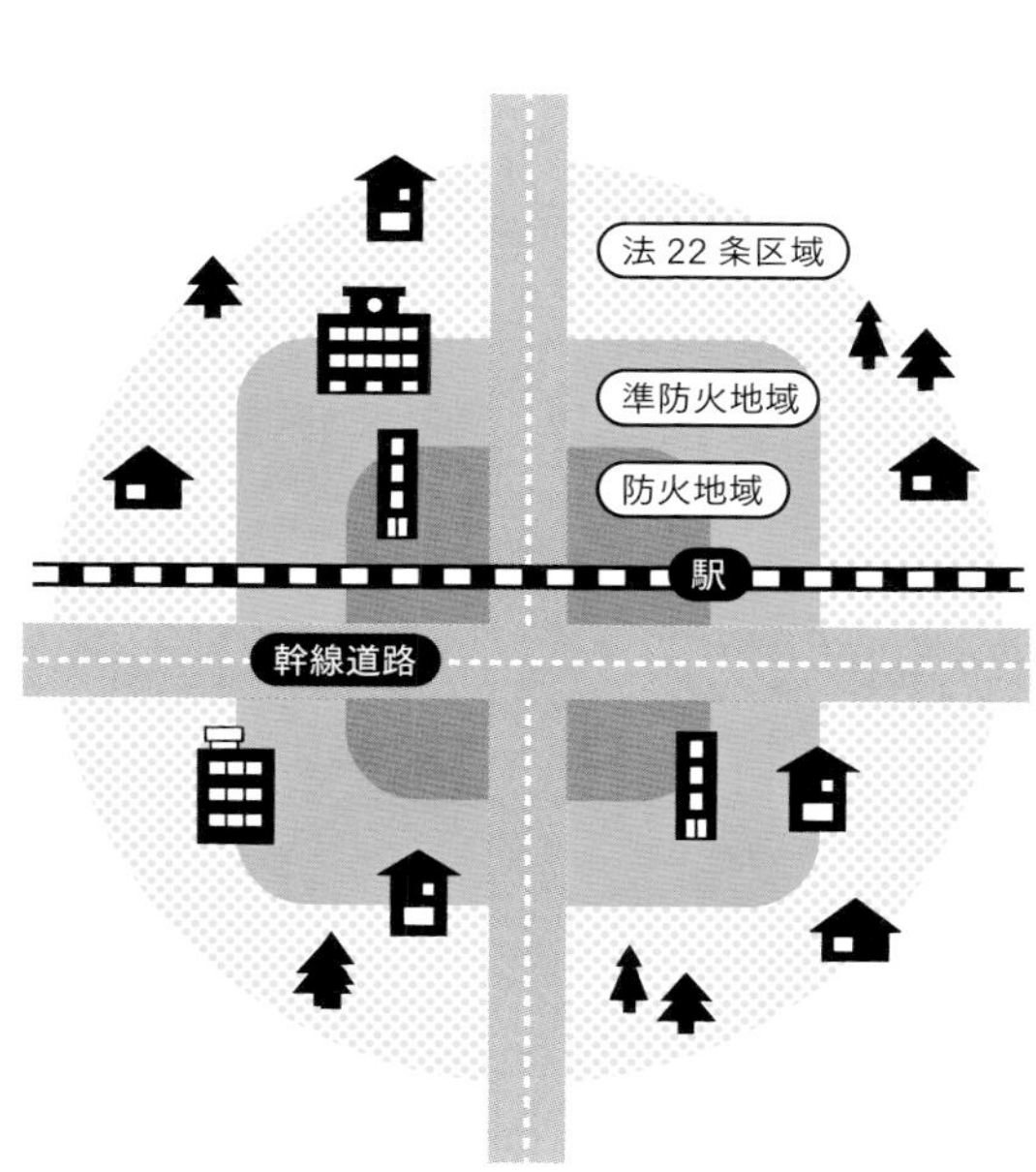

間取りを考える上で避けては通れない土地条件がほかにもあります。次に私の頭を悩ませてくれたのが「北側斜線制限」でした。

北側斜線制限とは

- 北側の隣人の日当たりを考慮し、南からの日照の確保のために建築物の高さを規制したルールのこと
- 北側隣地境界線上に一定の高さを取り、そこから一定の勾配で記された線（＝北側斜線）の範囲内で建築物を建てる。町で見かける急な斜め屋根はおそらく大抵がこれに該当するのではないでしょうか
- 真北方向に対して算定する
- 良好な住居の環境を保護するためのルールなので、第1種・第2種低層住居専用地域及び第1種・第2種中高層住居専用地域に、北側斜線制限が適用される

この北側斜線にかかった部分を断面図で見たときの天井の斜めさといえば、人が上から降ってきたら刺さる勢いの急勾配です。吹き抜けどころか、天井高に勾配がかかるなんて。まっすぐの天井を確保することがこんなに難しいことなのか、と。何かの間違いじゃないか、と。素人ながらに調べまくって、出窓風の造作デスクにしようとしていた部分を削って壁自体を内側へ寄せることで斜め部分を少しずつ軽減するなど、1㎝でも2㎝でも無駄にはできない、としつこく訴えかけました（なんと、最終的にちょっとずつの交渉・修正によって勾配なしでつくれたのです。だから、みんな諦めないで）。

忘れられないのが平面図（P045の3F）にあっ

た書斎横の「収納」と書かれたスペース。普通にまあまあ広めの収納がつくれるならまあいいか、と思っていたら、断面図で見ると実は出入り口部分の天井高120㎝でそこからさらに勾配がかかるという三角定規のような形状だったことが判明。嫌〜な汗をかきました。「こんな使いづらい収納はいらないんですけど」「収納があると便利かなと思いまして」「だったら、ここをバルコニーにして有効活用したい」「それいいですね」という具合い。不安すぎる……このとき気付かなかったら家の中に謎の洞穴ができるところでした。

そんなわけで防火地域・準防火地域、北側斜線制限との戦いが一番疲れました。無知だから戦う武器がないのです。外を歩きながら屋根が斜めの家を見るたび思い出すことでしょう。

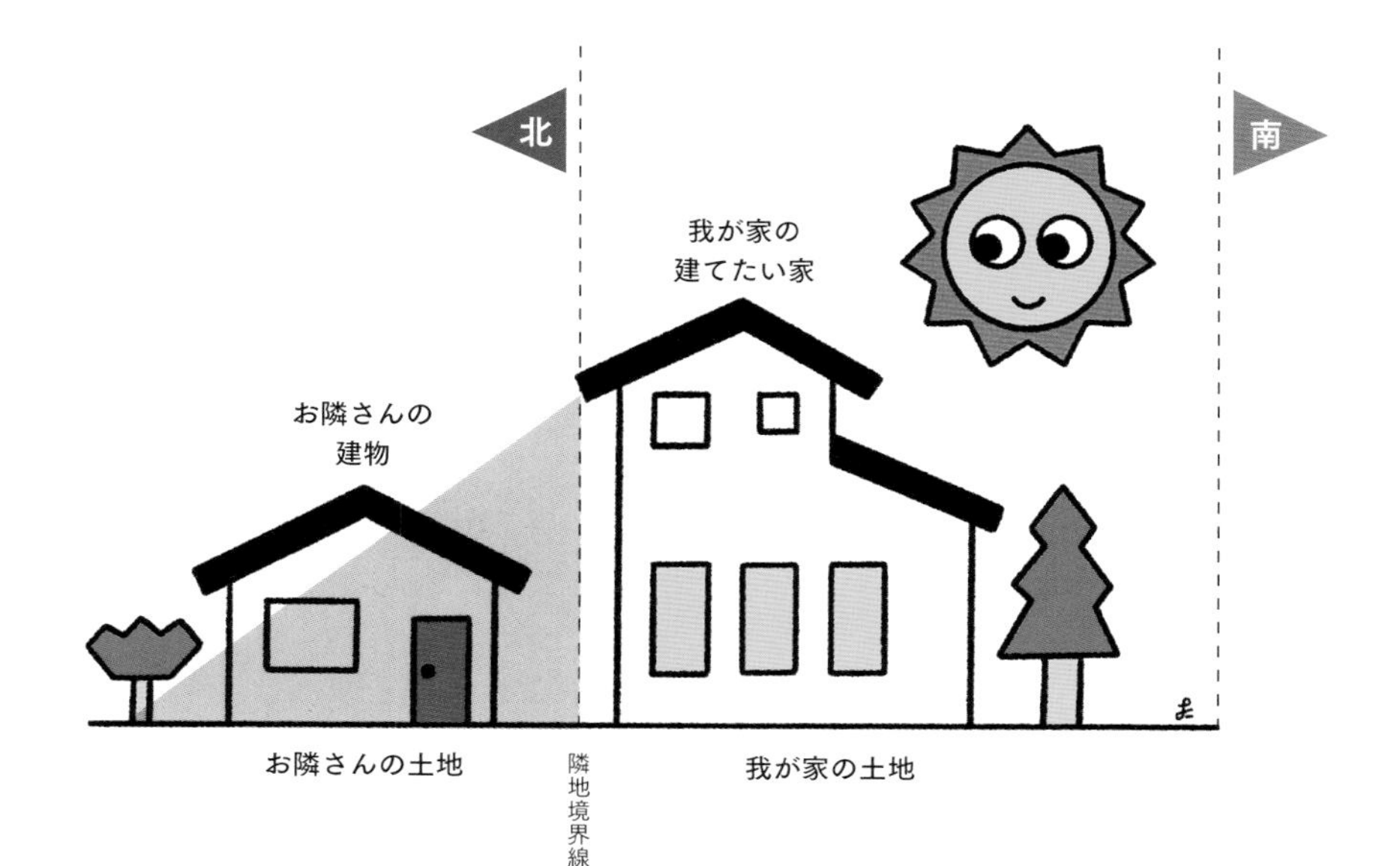

「設計図面」を知る

注文住宅の施主として最低限の設計図面の見方を知っておくと安心。建売住宅と違って、契約時にはまだ建物の影もかたちもないので、施主に取っては設計図だけが頼りとなるのです。家づくりで使う設計図面は複数の種類があり「設計図書」と呼ばれるそうです。設計事務所や工務店、ハウスメーカーによって書かれる枚数も異なります。打ち合わせが始まってすべてが揃うわけではなく、進行状況に合わせて資料として随時追加されていくものです。そして、すべての内容が予算内に収まり、施主が納得できたら工事契約↓着工という流れになります。トラブルを防ぐためにも図面にはしっかり目を通し、不安な点やわからないことがあればどんどん質問しましょう。どこかで問題が発生してしまうと、次の工事工程に大きく影響を及ぼしてしまい、工期が遅れてしまうこともあるので慎重に。

配置図

敷地に対して建築物がどのように配置されているかを真上から見た図のこと。土地や建物に少し角度が付いていたり、隣地境界線までの距離などが数値で確認できます。日当たりや近隣からの視線、隣近所との距離や関係などに注目してみるとよいでしょう。

平面図

施主が一番目にし、心ときめく図面です。各階ごとに建物を水平に切り取り、真上から見た状態がわかります。それぞれの間取りの広さなどは三角スケールを使って数値を読みます。壁の中心からもう一方の壁の中心を測った心々寸法で記載されています。

立面図

建物の外観を東西南北の４面から表した図。住宅完成後の外観がイメージしやすいので、建物を外から見たときの玄関や窓の位置、それぞれのサイズ感や位置関係がわかります。外から見たときに窓の高さや大きさが揃っていると美しいです。

断面図

建物を垂直に切り取った様子を表した図。各部屋の床の高さ（厚さ）、天井高、軒などのサイズ感がわかります。平面図では表現しきれない高さが把握できます。私の場合は普通の収納だと思っていたら、実は洞穴だった（P049）という発見に役立ちました。

平面詳細図

平面図をより詳細に書き起こした図。平面図の尺度を上げ、間取りやフローリングの方向までが詳細に記されています。家具や建具のサイズや納まりも確認できるので、使いたい家具とサイズをジャストフィットさせるべく、念入りにチェックしたい図です。

構造図

柱や梁(はり)といった建物の構造部材を表した図。住宅を建てるために必要不可欠な構造図には基礎伏図・屋根伏図など、複数の種類があります。構造図は構造計算書とあわせて「構造設計図書」と呼ばれ、建物の財産や人命を確保する大切な役割があります。

展開図

東西南北それぞれの部屋の中心から各壁を1面ずつ見た状態の図。窓の方面や高さ、位置、開閉方法、家具の位置や棚の高さ関係から、床上何センチのところに何があるかなどの各部屋ごとの詳細がわかります。備え付け家具のサイズ感をイメージするのにも便利。

設備図(電気設備図)

各種電気設備図や給排水設備図、ガス設備図、空調換気設備図などの取り付け位置などを示した図で各設備に不具合がないかを確認。電気設備図ではコンセント口やスイッチの位置関係がわかり、数や高さを指定できます。コンセントはとにかく多いほうがいいです。

外構図

建物の外観や玄関、駐車場へのアプローチ、植栽などを確認するための図。外観よりも中に予算を使いたいと思っていましたが、外観がいいと家に帰るたびに気分が上がるので、やはりとても大事だと思いました。外観は家を建てた後でも修正できるところが◎。

仕様書

具体的な工事の内容や内外装の仕上げ材料のサイズや品番などが記入されている図。万が一、色番号などを間違えるとトラブルにつながります。うちはフローリングの色と玄関ドアがお願いしたものと違っていて焦りましたが、修正してくれました。

衛生設備図

居住用の建築物には必要不可欠な給水設備と排水設備、衛生設備がどこにあるのかを示した図。給水や排水位置は一度決めると、あとから簡単に変更できないので綿密に確認を。上水道のある地域の場合、水道配管図で水道配管の通り図も記載されています。

イメージパース

建物の外観や内観を立体的な図にしたもの。パソコンでつくる場合と手書きの場合があり、リアルな仕上がりを確認できます。自分でイメージパースを作成できるアプリもあるので、壁の色を変えたり家具の配置を変えたり、インテリアイメージにも役立ちます。

上物にかかる費用のはなし

家づくりにかかる費用

注文住宅の建築でありがちなのが、予算オーバーや思わぬ費用の発生による金銭的負担の拡大。家づくりには、建物本体の工事費以外にも諸費用といわれる様々な費用が発生します。諸費用だけで数百万円になることもありますから、金銭感覚がおかしくなりそうですね。そのため、家づくりにかかる費用は「坪単価」や「建築費」だけで判断するのではなく、総費用で考える必要があります。建物の建築工事にかかる費用は、大きく「本体工事費」「別途工事費（付帯工事費）」のふたつです。

※「坪単価」とは一般的に、建物本体工事にかかる費用を延べ床面積の坪数で割った金額のこと。

本体工事費

家そのものをつくるためにかかる費用で、どれくらいの費用がかかるのか、ある程度想定しやすい部分でもあります。例えば、基礎や柱、梁、床組み、屋根組みといった構造部分など。そして、屋根、外壁、床、壁、天井などの板金工事や塗装工事、左官工事、玄関ドアやサッシ、内部建具、キッチン、トイレ、システムバスなどの住宅設備、建物内部の配管や配線が含まれます。これら工事費用に、専門企業や職人の手間代を加えたのが本体工事費です。

別途工事費

建てる土地の条件やオプションを付けるかどうかで金額が大きく前後します。付帯工事費とも呼ばれ、敷地の状態や周辺環境によって発生する別途工事費は異なります。まず、敷地内へ配線や配管を通すための屋外工事、メーターや公共マスを設置してライフラインを使用できる状態にするための引き込み工事があります。もともと住宅地じゃなかった土地に家を建てる場合、工事費は数百万円に上ることもあります。また、P030で記述したように、地盤調査の結果、軟弱地盤と判定された場合は地盤改良を行いますが改良工事の方法によって金額はかなり異なってきます。このほか、既存の建物がある場合は解体費用を取られることもあり、鉄骨や鉄筋コンクリート造の解体は木造よりも少し割高になります。

傾斜地や高低差のある敷地であれば造成工事や擁壁工事、特殊土木工事といった対策が必要です。さらに前面道路が狭くダンプが入れない立地であれば、材料を手運びするための小運搬費がかかります。特殊な条件や立地であるほど費用がかかることがわかります。

「別途工事費」は、本体工事費以外に生じる必要な工事費用に加え、いわゆるオプション費用も含んだもの。照明器具など必要最小限のものは本体工事費に含まれますが、追加分は別途扱いとなることがほとんど。造作家具や窓、シャッターなども含まれます。カーテンやブラインドも窓サイズを変わった形にすると、カーテンなどをそれに合わせたオーダメイドにする必要が出てきて、さらに費用がかさみます。冷暖房空調は配管や配線は本体工事ですが、機器本体の設置など大金が予想される上、別途工事になるのであらかじめ予算をとっておきたい部分です。また、庭に砂利やコンクリートを敷く、木を植える、塀や柵を立てるなどの外構工事も別途工事に含まれます。こだわればこだわるだけ高く付くのが別途工事費なのです。

知らなきゃ損する諸費用のはなし

続いて、家づくりにかかる諸費用について。ハウスメーカーと契約したら、竣工して新居に住み始めるまでの数カ月の間に十数万円という出費がどんどん発生するため、現金は多めに準備しておきましょう。さらに、家を建てると4つの税金がかかることを覚えておきましょう。

不動産取得税

「不動産取得税」の税額は固定資産評価額に3％の税率を掛けて算定され、家を建てて半年～1年半ほどの間に納税通知書が届きます。

固定資産税

「固定資産税」は毎年1月1日時点での固定資産の所有者に対して課税されるものです。評価額（特例が適用される場合はさらに特例率を掛けた課税標準額）に1.4％の税率を掛けて算定されます。不動産取得税と都市計画税の算定基準となります。固定資産税評価額は高性能、高品質な資材や設備によって評点がアップし、税額も上がります。

都市計画税

「都市計画税」は1月1日時点で市街化区域内に固定資産を有している場合に納める地方税で、固定資産税と共に課税されます。

印紙税

建築工事の請負についての契約書は印紙税額一覧表の第2号文書「請負に関する契約書」、住宅ローンを金融機関から借り入れる場合に締結される契約書は第1号文書「消費貸借に関する契約書」に該当されるため、それぞれ契約書に記載された内容および契約金額で定められた「印紙税」税額をおさめます。

参考：東京都主税局「不動産取得税」
東京都主税局「固定資産税・都市計画税（土地・家屋）」
国税庁タックスアンサー

登記関係でかかる費用

登記には「登録免許税」と呼ばれる税金など、費用がかかります。家を新築した場合、必要な登記は「建物表題登記」と「所有権保存登記」です。所有権保存登記の税額は課税標準額に税率0・4％を掛けて算定しますが、住宅を新築した場合は0・15％の軽減税率が適用されます。また、住宅ローンの融資を受ける際には「抵当権設定登記」が必要となります。この場合の税率には0・1％の軽減税率が適用されます。家の新築時の表示登記（不動産を特定するための建物表題登記）と古屋を解体して建て替える場合の滅失登記は、いずれも登録免許税はかかりません。

参考：国税庁タックスアンサー

司法書士に登記を依頼する場合は
司法書士報酬が必要です。
以下の金額を目安としてください。

- ☐ 表示登記……………………8～10万円
- ☐ 保存登記……………………2～3万円
- ☐ 抵当権設定登記…………3～5万円
- ☐ 滅失登記……………………3～4万円

※すべて2023年現在

住宅ローン関連費用

住宅ローンの融資を受ける際には、金利のほかにも様々な諸費用が発生します。

※以下、すべて2023年現在

事務手数料

事務手数料には「定率型」と「定額型」があります。定率型の場合、借入額に2%程度の料率を掛けた金額が手数料となるため、2000万円のローンを組むと事務手数料は40万円となります。定額型の場合は一律3万~5万円程度に設定されていることが多く、選択するローンによって金額差が大きく出ます。

保証料

2%程度の保証料率を設定している保証会社が多く、30年以上の返済期間の場合、100万円あたり2万円前後の保証料を支払うことになります。

保証料無料の金融機関もありますが、その場合は金利が高めに設定されていることも。金利や保証料を含めて、どのローンが自分たちにとって有利か判断しましょう。

団体信用生命保険料

ローンの契約者が死亡したり、高度障害になった際にローン残金を返済してくれる保険で、ほとんどの住宅ローンではこれに加入することが必須条件となっています。我が家も加入しています。また、すでに加入している生命保険や保障と重複しないか、保険の見直しもこのタイミングで行うのがベストでしょう。

火災保険と地震保険

住宅ローンの多くは、火災保険への加入を契約の条件としていて、保険金額は建物が損害をかぶった際、同等の建物を再建築するために必要な「再調達価額」を基準に算定されるのが一般的。火災保険だけだと地震などを原因とした火災による損害は補償されないため、火災保険と地震保険にセットで加入するのがおすすめ。我が家もセットで加入しています。備えは万全にしましょう。

つなぎ融資にかかる費用

住宅ローンの融資実行は、引き渡しと同時に行われます。注文住宅の場合は契約金、着手金、中間金と、引き渡しまで複数回に分けて支払いが発生するため、住宅ローンの融資実行までのつなぎ資金として利用するのが、つなぎ融資です。

つなぎ融資の金利は2〜3%程度と水準が高く、住宅ローンとは別に諸費用が発生する場合もあります。返済は住宅ローンの融資実行と同時に行われます。金融機関によってはつなぎ融資を扱っていないこともあるので確認を。

そのほかにかかる費用

このほか地盤調査に関わる費用として、建築確認・中間検査・竣工検査に必要な証紙代、給水装置引き込み費や浄化槽管理費などの負担金、地鎮祭や上棟式をする場合はその費用も必要です。これらを含め、自己資金として50万〜100万円ほど用意しておきたいところです。

そのほか、引っ越し代や家具家電を購入する場合の代金も別途必要……。そろそろ気が遠くなってきましたね。

費用発生のタイミングに注意

工事費や諸費用は一度にまとめて出ていくわけではなく、工事のスケジュールに合わせ、数回に分かれて支払いが発生します。これがいいのか悪いのか。

「また?」みたいなタイミングで何度かやってきますので、支払いのおおまかなタイミングをあらかじめご確認ください。

予算オーバーしないために

家づくりで予算オーバーしないための注意点について考えていきましょう。

グレードアップで予算オーバー

ハウスメーカーが標準で用意している仕様変更によるコストアップです。住設メーカーのショールームでグレードの高いものに惹かれて、あっという間に予算オーバーなんてことも。グレードアップや追加工事が発生したときのために、当初の提示金額からどこがどれだけ増減したのかがわかる一覧をハウスメーカー側に作成してもらえると便利です。また、どこにお金をかけたいのか、どこは妥協できるのか。自分の中で整理しておくといいですよ。我が家の妥協点はお風呂、お金をかけたいのはキッチンでした。

施主支給

エアコン本体は自分で購入し、工事から配管までの請負を含め、電気屋さんに依頼しました。これが施主支給です。ハウスメーカーに丸投げすることもできましたが、数十万も違うことがわかり、施主支給決定。カーテン、照明器具のほか、造作家具は高くつくことがわかったので、家具なども基本的には施主支給しました。施主支給にかかる費用は住宅ローンの対象外なので、自己資金と相談しながら決めていきましょう。

予算設定はトータルで考える

我が家のケースもそうですが、気に入った土地を購入し、そこから家づくりの計画を進める人も多いと思います。しかし、土地にお金をかけすぎて希望どおりの家が建てられなくなるのは悲しすぎます。我が家は即決で契約をしてしまいましたが、土地を購入してから家を建てる場合の予算計画には諸費用も含めて総合的に考えましょう。

ハウスメーカーがすべてを含めた予算計画書を作成してくれたので、何にどれだけ資金を使うことができるのかイメージできました。注文住宅の予算に悩んだときはファイナンシャルプランナーに相談するのもおすすめ。話を聞いてもらうだけでも安心材料に。家づくりにかかる総額と支払いスケジュールを把握できていればオッケーです。

2 まとめ

小さな家ととことん向き合う

- □ 選択の嵐に負けないで
- □ 間取り図は数社に頼んで
- □ 最大限の想像力を働かそう
- □ 最低限の土地条件は知っておいて損なし
- □ 心を惑わす図面の量におじけづかないで
- □ 知らなきゃ損するお金のことこそ、しっかり知っておこう
- □ 今だけじゃなくて将来を見据えた計画を

3

知っておきたい小さな家づくりのマナー

夢にまで見た着工の日

永遠に訪れないと思っていた着工の日を無事迎えるタイミングがやってきました(涙)。いざ着工するとこれまでと比べてやることは減ってきますが、今度は現場(未知の世界)のことも意識しなければなりません。わからないからこそ、できるだけたくさん現場に足を運びましょう。

家づくりの流れにおいてはじめに決めておきたいこと

- □ **地鎮祭をやるか決める**
- □ **地鎮祭をやる場合はどの神主にお願いするか決める**
- □ **着工前に近隣へ挨拶に行くか決める**
- □ **挨拶へ行く場合は手土産を用意するか決める**
- □ **現場への差し入れを決める**
- □ **上棟式を行うのかを決める**
- □ **上棟日の大工さんへのお礼を決める**

私は意外(?)にも昔からの風習などを重んじるタイプなので、すべてきっちりやりました。コロナ禍だったこともあり、縮小傾向ではありましたが、できることはやっておきたい性分です。

地鎮祭ってなんだ!?

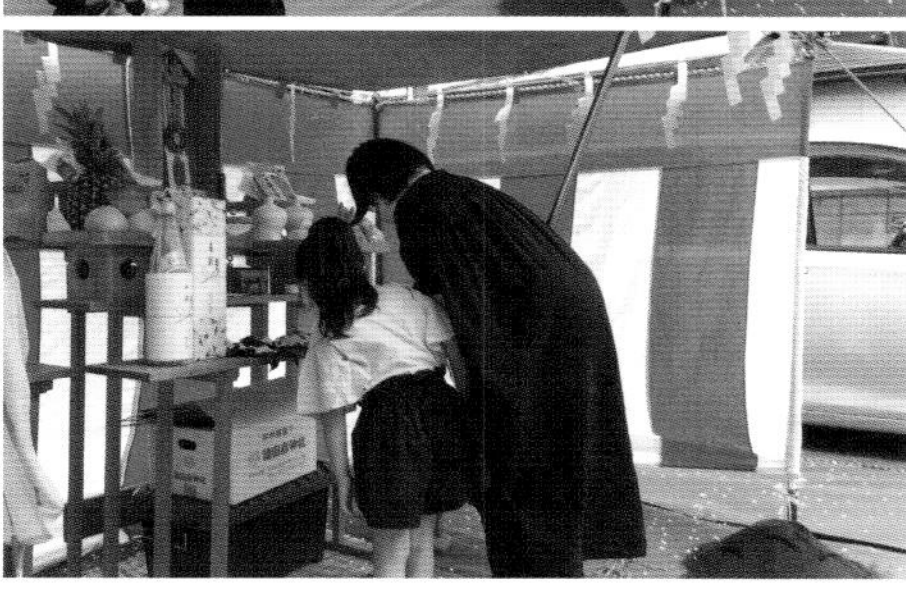

地鎮祭とは工事が始まる前に神主を招き、その土地の神様に対して工事の安全を祈願する儀式のこと。日取りの決定（できれば「大安」「友引」「先勝」の牛の刻11～13時頃に行うのが理想的とされている）、神主さんへの依頼、必要なものの準備、参加者の確認が必要ですがうちの場合は、ハウスメーカーがすべての手配をしてくれたのでほぼ記憶なし。こちらで用意したのは、地鎮祭で施主が支払う費用。主に「初穂料」（神主さんへの謝礼。2万～5万円程度）と「奉献酒代」（5千円程度）。神主さんへの初穂料は、紅白のひもを使用した「蝶結びの水引」または「淡路結びの水引」ののし袋に入れて渡します。結び切りの水引は使用しないようにご注意を！

儀式自体は30～40分程度だったと思います。小雨の中、行いましたが雨は土地を清めるとされ、縁起がいいそうです！

ご近所さんへの挨拶まわり

地鎮祭が終わると、その流れでご近所に挨拶まわり。この土地に家を建てること、いつ頃引っ越してくるかなどを報告し、騒音や振動が発生しそうな時期について説明しました。

私はこの日がすごく楽しみでした。どんな人がいるのかな？　仲良くなれるかな？　娘と同世代の子どもはいるかな？　ありがたいことに、いい方ばかりでゴミの捨て方や近所のドンの話なども聞けて盛り上がりました。その際に、ちょっとした粗品も用意して持って行きました。どんな方が住んでいるかわからなかったので、誰もが使うであろう食器用洗剤セットと手書きのお手紙を添えて。「挨拶まわり粗品」などで調べれば、のし付きで名入れまでしてくれるショップがたくさんあるので便利です。留守の方にはお手紙を添えて、玄関に粗品を置いておきましょう。

上棟式ってなんだ!?

上棟式とは、木造建築の骨組みが屋根まで組み上がったことを祝う儀式のこと。建築に関わる人々に施主が料理やお酒を振る舞います。こちらも施工業者が取り仕切ってくれたので段取りがあまり記憶に残っていないのですが最近では簡略化が進み、神主を呼ばないことも多くなっているようで、うちも簡易的なものでした。

業者や大工さんなどの関係者にご祝儀を配るのですが、相場は棟梁や現場監督に1万〜3万円、職人やそのほかの関係者は3千〜1万円程度。ご祝儀と一緒に渡す引き出物に、紅白のパッケージの縁起良さげなビールセットとクナイプの入浴剤、無印良品のおつまみなどをセットにし、手紙をつけて渡しました。

工事の流れ

着工からの流れを把握しておくとヤキモキせずにいられるし、チェックしておきたいポイントを逃すことなく見に行けます。

1カ月目：着工（解体・地盤改良）

地縄張りと地鎮祭……先述の通り。

地盤改良工事……P030参照。

2カ月目：基礎工事

根切り～捨てコン

問題のない地盤であれば、根切り、防湿シート、砕石工事などを行い、捨てコンクリート（基礎の受け台となる）工事へとどんどん進んでいきます。

配筋工事

基礎コンクリート内部の骨組みになる鉄筋を組むことを「配筋」といいます。ここでも配筋検査など慎重な検査が行われます。配筋検査が終わると、基礎となる生コンクリートを流し込む作業に！

基礎コンクリート打設

基礎工事は家づくりの土台となる重要な部分。アンカーボルトを入れた立ち上がり部分をしっかり固めていき、打設後はバイブレーターと呼ばれる振動機を用いてコンクリートを隙間なく行き渡らせます。外部配管工事、雑コン（給湯器置場や玄関ポーチなど構造とは別のコンクリート部）などが終わると基礎工事は終了。

根切り⬇砕石工事⬇防湿シート工事⬇捨てコン工事⬇生コン打設工事（雨の日はＮＧ！）⬇型枠工事⬇打設後間もない生コンクリート⬇型枠バラし

3カ月目：立て方～上棟式

足場設置

土台となる木材を置く前に、基礎コンクリートの上に基礎パッキンを敷き、換気機能を持たせ、いよいよ「建て方」（全工程の中で最も見応えのある工事）へ。

これは現場での主要な構造材を組み立てる工程で、プレカットされた木材などがじゃんじゃかと現場に運び込まれ、クレーン車で吊り上げたりする作業です。現場が一気に活気づいてくる瞬間であり、1日でこんなに進んじゃうの？　という勢いなので是非見に行って写真や動画をたくさん撮っておきましょう。足場が設置されると家の形がなんとなく見えてきてワクワクが止まりません。

上棟⬇基礎パッキン⬇土台敷き⬇筋かい⬇防腐防蟻処理

4カ月目：屋根工事／外壁工事／外装工事

屋根工事

この工程辺りから内部・外部と、様々な工事が同時に進んでいきます。棟上げが終わると、すぐに屋根工事に取り掛かります。下地合板、防水シートなどを施し、屋根材を形づくっていきます。屋根の材料にもいろいろありますが、一般的なのはスレート屋根、ガルバニウム鋼板でしょうか。我が家は施工会社に言われるがままガルバニウムを採用しました。このとき屋根と一緒に、バルコニーのＦＲＰ防水（塗膜防水）工事を行います。

外壁工事

構造用合板を壁に貼っていき、そこから間柱、窓枠、アルミサッシを取り付けていきます。外側に防水シートを張り、外壁材（サイディング）を取り付けていきます。内部では袋に詰められたグラスウール断熱材を間柱に詰めて固定していきます。我が家の工事は冬場だったので寒さを軽減するためにも、外壁ができて作業が少しでも楽になるといいなと思いました。その上から石膏ボードを張り、いよいよ内装工事へと進んでいきます！

断熱材⬇外壁透湿防水シート張り⬇バルコニーＦＲＰ防水⬇サイディング

5カ月目：内装工事や内部建具工事～仕上げ

内装仕上工事・造作工事

外部工事と並行して、内部では大工さんが活躍します。この間にも作業してくださる方の入れ変わりが多いので、何度も立ち寄って一度は顔合わせするようにしてホットコーヒーなどを差し入れしました。

ここから床、建具、階段などの造作工事を仕上げていきます。設備ではユニットバス、キッチンや洗面台、トイレなどの大型のものから搬入され、取り付けられていきます。壁のクロス張りや塗装が行われると、そこからはあっという間ですよ。あとはスイッチプレートやブレーカーなど、細々とした器具付けを行えば、完成です！

外構工事（建物の外にあるカースペースや植栽、アプローチなどの外構工事を行います）⬇階段工事⬇造作工事⬇玄関・アプローチ⬇駐車スペース

6カ月目：建物完成！補修工事～お引き渡し

竣工検査

当初申請した建築確認どおりに建物が完成しているか、工事責任者がチェックしていきます。その後、第三者機関の検査に合格すると、あらためて施主、設計担当、施工管理担当が立ち会い、仕上がりの確認をします。我が家はバルコニーの手すりの高さに間違いがあったようで修正が入りました。細部まで見落とさないようにしっかりと確認し、問題があれば補修工事を行います。

施主検査

建設が終わると工事が予定通りに行なわれたかを施主が直接確認する施主検査があります。引き渡し後にミスやトラブルが見つかると、やり直しに人手やお金もかかってしまうため、全力で検査しましょう。施主検査にかかる時間は広さにもよりますが、およそ1～2時間程度です。

具体的には図面通り正しく施工されているか、選んだクロスや天井・床材の柄や色、材質はあっているか、ドアや建具、キッチンやトイレ、お風呂、洗面台などの設備機器は間違っていないかなどをチェックします（持ち物やチェックすべき主な項目はＰ１１６～１１７でも詳しく紹介します）。

万が一、不具合が発覚したときに補修するための日数を確保しておく必要があるため、施主検査は引き渡し予定日の2週間以上前に行なわれるのが一般的です。引き渡し日が延期になろうものなら、引っ越しの予定までもが狂ってしまう可能性も。

【ポイント】

1年後点検などでも直せることがほとんどですが、生活に支障をきたすものは修理をしてもらいましょう。不明点などもその場で確認することが大切。

引き渡し

家ができるまでの期間は天候などの都合もあり、早くなったり遅くなったりします。工程の順序が入れ替わったり、完成に至るまでのプロセスも実に様々です。２０２１年はウッドショックや半導体ショックの影響で大変だった住宅業界。途中で値上がったり納期が遅れたりのトラブルもありました。こちらも頭でっかちにならず、ときに厳しく、柔軟性を持って家づくりと向き合っていけるといいですね。そして、完成のラスト1カ月でめっちゃお金を使うので覚悟を……。家具、家電、照明、カーテン、壁付け工事など。金銭感覚がやっぱりおかしくなります。

断捨離のススメ

引っ越しは断捨離の絶好のチャンス！　引き渡し待ちのウキウキした時間を使って、是非やってほしいのが「断捨離」です。モノが減れば引っ越し代も安くなりますしね。でもそれだけではなくて、新しい家に、使っていないモノや気に入っていないモノ、壊れているモノを持っていくのはなんだか悔しくないですか。せっかくなら心もモノもすっきりした状態でその日を迎えたいですよね。

つい、家が狭いことをいいわけにしたり、収納がないといって大きな収納用品をいきなり買ったりしがちですが、それは所有しているモノの量が家のサイズと合っていないのです。モノを入れる器をいくら増やしても溢れていくのは時間の問題。結局いつかはモノは減らさないとならないのです。普段Lサイズの服を着ている人にキッズサイズの服を着せるようなものですから。ただ、家のサイズが異なれば、家具の買い替えを検討しなくてはならないかも。狭い部屋に巨大テレビやダイニングテーブルは使いづらい。その逆も然り。モノの物量も同じです。自分の家に合ったモノの適正量を知ると、ほとんどの人が現状よりモノを手放さざるをえないと思います。

その家にすっぽり収まる量、いや7割程度にモノを減らすと今の何倍も家事が楽になり時短にも繋がり、何より気分がとてもいいはず。この気分を味わってほしい。そんな理由から私は整理収納アドバイザーとルームスタイリスト・プロの資格を取得しました。断捨離をするだけで、人生が変わることをみんなに伝えたいと思いました。

モノを手放すときも「もったいないなぁ」と思ってなかなか手放しにくい人がいるのもわかります。だって使ってないし、まだ使えるんですもん。でも使えるのに使ってないんですよね？　私はモノで溢れた生活を送っていることのほうが「もったいないなぁ」と感じるようになりました。全部じゃなくていいんです。いらないモノを捨てるんじゃなくて、好きなモノを見つけていく作業だと思ってください。宝探しみたいに自分が好きなモノだけを手に取って、心をときめかせてください。すると、本当に自分が好きだったモノが明確になって、言語化できるようになっていきます。本当です。

これからの生活は〝好き〞でいっぱいになるはず！　買い物をするときだって、ものすごーく悩んで好きなモノしか買えなくなりますよ。だから無駄遣いはなくなります。なぜなら、あなたはモノを手放すときのしんどさを知っているから。〝好き〞に囲まれる生活というのは想像以上に快適です。毎日が楽しくなる。新しい家を〝好き〞で埋め尽くしてください。

3 まとめ

知っておきたい小さな家づくりのマナー

- □ ご近所さんに挨拶をしよう
- □ 工事現場にはできるだけ足を運ぼう
- □ 家のサイズに合ったモノの適正量を知ろう
- □ 自分の家を"好き"でいっぱいにしよう
- □ 引っ越しまでに断捨離してみよう
- □ 家にあるモノひとつひとつと
とことん向き合ってみよう

4

小さい家だからできること

現実を思い知る

建築士さんたちに作成いただいたアイデア段階の間取り図（P044-045参照）をひとつずつ指で辿りながら、何度も何度もそこに住む自分たちをイメージします。この平面図によって、第2章でもお伝えした家事動線がほぼ決まりますから、いかに無駄な動きをなくして時短できるかをイメージします。

同じ土地でも考える人によってまったく違う間取りが上がってくるのも面白かったです。螺旋階段もあれば、吹き抜け案、箱庭や2階を大胆なバルコニーでカフェっぽくするなど。

土地が小さくても広さを確保したい場合は、上に高く建てる必要があります。といっても上にも制限があるので、3階建てなら3つのフロアの中で天井の高さを割り振る必要があります。結果的に我が家は全部屋2400㎝の天井高を確保。私には十分で

す。和室などでは２２００㎝は珍しくない落ち着く高さと言われていますが、閉所恐怖症の私には、天井の高さはとても重要ポイントでした。最低でも２３００㎝はほしい。たったそれだけのことがこんなに大変だなんて。このときから、私のジャッジ基準はよくも悪くもゆるくなりました。

家族が長く過ごす場所はどこか。うちは家族３人。会話もよくするし、一緒にゲームしたり、テレビを観たりもするので共に過ごす時間はリビングに集中しそう。１階に玄関と階段が配置される分、シンプルに１階にはキッチン以外の水回りのすべてと寝室を配置することにしました。

バルコニーとリビングがつながった空間にとても憧れていたのですがリビング＆ダイニングを少しでも広く使いたいという思いから２階のバルコニーは断念！　ここで襲いくる柱問題。家を支えてくれる大黒柱です。とても重要な役割を果たす大事なものですが「こんなところに？」という場合もあります。我が家は変な場所になかったので、ほっ。

３階は部屋とは呼べないほどの小さな隠れ家的書斎がひとつと、子ども部屋がひとつ。そして洞穴のような収納がつくられそうになっていた場所には、小さいながらにバルコニーを設けることにしました。私は花粉症持ちだし、洗濯物はバルコニーに干しません。人が一人座れて、風を受け、日を浴びながら植物に囲まれた開放的な空間をつくりたかったのです。バルコニーはあっても使わない人が多いし、掃除が面倒という理由でつくらない人も増えていると聞きましたが、マンション生活で見ていた眺めのいい景色が失われる分、植物に癒されたい思いが強くありました。そして、このバルコニーがまた我が家のオアシス的存在となり、最高に気持ちいいのです。

血眼で用意した資料

小さなこだわりポイント

集めた画像を部屋ごとに分けて、パワーポイントに貼り付け。間取り図のどこに当たる部分かを記すとよりわかりやすい。メーカー名やサイズが決まっているモノも同様に記載しておくと自分も忘れることなく便利でした。

前章で断捨離をして自分の〝好き〟を見つけたら、好きなインテリアのイメージができるようになります。とはいえ、普段から好きなインテリアを意識して見ていないとすぐには言語化できないと思います。私が言語化できたのは、日頃から条件が似た家で取り入れられそうな画像をまとめていたから。それを図解付きでハウスメーカーに理想図として渡しました。言葉では伝わりづらいこともこれならわかりやすいだろう、と。ナチュラル、カジュアル、モダン、エレガント、クラシックなど。私はスタイリッシュで、その中に少しのポップさをプラスしたカジュアル感を残したい。ポップなカジュアル感は飾るモノや家具で変えられるのでベースとなるスタイリッシュをしっかり抑えるところから考えました。資料は20枚超え。言ったことが伝わらない歯痒さに変えられるものはないのでやりきりました。

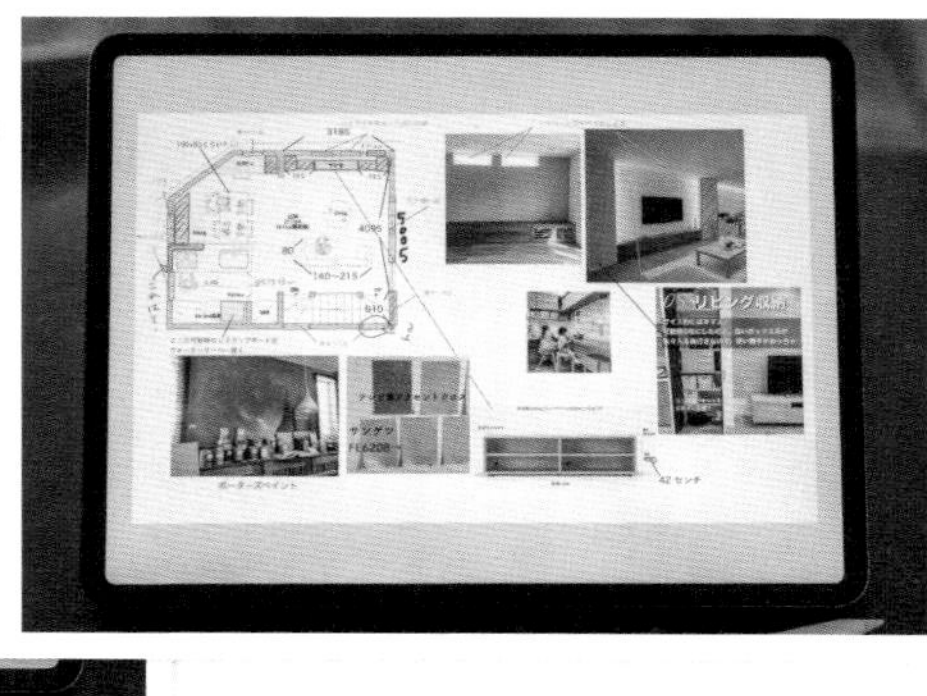

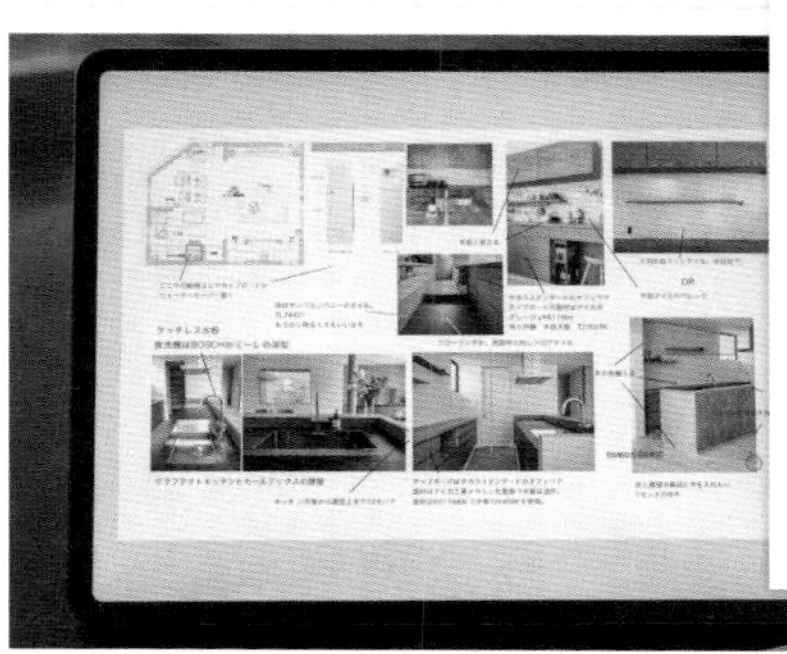

部屋の主役を決める

ハウスメーカーの注文住宅には、商品ごとに「標準仕様」が定められていることが一般的。標準仕様というのはもとから、価格設定内で抑えてある設備や素材のこと。標準仕様でない仕様は「オプション仕様」と呼ばれ、追加費用がかかる場合もあれば、コストダウンできる場合も。

私は最終的な減額調整のときに、これもダメあれもダメと肩を落としました。ただ、自分の中での優先順位がはっきりしていたので家の面積の多くで使うクロスは標準でいい、お風呂は無駄なものを省いて標準よりコストダウン、造作棚は割高なので既製品を購入しよう、と。

フロアごとの主役を決めるとインテリアは楽しいです。1階は玄関と洗面台、2階はキッチン、3階は？　という具合いに。玄関はモルタル中心で、そこから続いていくイメージの洗面台。ここは自分で

図面作成したくらいこだわっていたので、一歩も譲れず！　キッチンはステンレスのバイブレーション仕上げにモルタルの腰壁、水栓はタッチレスのグローエのk7シリーズ、食洗機はBOSCHを採用したい。しかし、数百万超え……！「標準仕様」のグラフテクトを採用すれば、腰壁もいらないし食洗機はパナソニックがいいかも、水栓はいつでも変えられるから安いものにしよう。これだけで数百万減額できました。減額調整で凹んでいる暇はないのです。

それからも取っ手の色やバックセットのサイズや種類など決めることは盛りだくさんです。このとき、部屋のベースカラー、メインカラー、アクセントカラーを決めておくとあれこれ悩まなくていいですよ。自分の中で譲れないものがありすぎると、減額調整で涙を流すことに。理想で凝り固まらず、好きなモノを増やす感覚を楽しんで。

暮らしやすい動線をイメージする

小さなこだわりポイント

グレートーンで統一したスタイリッシュな空間だけど、暗い印象を避けるべく昼間でも日差しをしっかり取り込めるよう、FIX窓を付けました。ミラーに映り込むモノ全部が白になるようにイメージして明るさを確保。

何案もいただいた間取り図の中から、私たちは（小さな家にしては）広く取った玄関案に釘付けでした。人が出入りするだけの玄関を広く取るなんて！　斬新〜！　玄関が広いだけで気持ちがいいし、玄関を開けた瞬間の開放感はその家の印象にも大きく影響してくると思いました。気をよくした私たちは、ハウスメーカーと間取り図のブラッシュアップ作業に入っていきました。

人気の回遊動線にしたかった私は動線についても細かく提案していきました。同時に収納についても希望を細かく伝えていきます。使用頻度の高いモノは取りやすく、よく使う場所の近くに収納できるように考えながら進めます。収納はたくさんつくるより、モノの量を減らすほうが効率的。収納が多ければ多いほど、モノは家に入ってくるし、整理も収納も大変になるからです。

旧家から持っていく家具は採寸済みでジャストフィットするサイズで設計してもらって、あとは造作棚をつくってもらいました。玄関を入ってまっすぐいくと右に引き戸があり、その先に洗面所があるのですぐに手洗いができます。洗面台の下には無印良品のラタンボックス3個置き、そのうちの2個を使ってフェイスタオルを10枚収納。10枚のフェイスタオルは半年ごとにまるっと買い替えます。バスタオルはもう何年も使っていないし、必要と感じたこともありません。残りの1個のラタンボックスには入浴剤とドライヤーを収納しています。

洗面台の上にはサンワカンパニーのホテルミラーボックス120㎝。ボックス左端の底面には工務店の方に穴を開けてもらいティッシュをシュッと取り出せるようにしました。コンセントも内蔵されているから、ドライヤーも使えるし、アップルウォッチや電動歯ブラシの充電にも便利。

種類が豊富なアイカ工業で造作してもらった洗面台には15センチの穴を開けて、ふた付きの丸いダストカバーを設置。下に受け皿になるゴミ箱を置いて、上から捨てたものをしっかりキャッチ。家づくりにおいて、こだわったポイントが詰まりまくった洗面所は今もお気に入りの空間です。

クロスも洗面台もフロアマットもグレーで統一して、暗い印象にならないかなと心配しましたが我が家の象徴となるようなお気に入りの造作洗面所に仕上がって大満足。はじめは洗面台は白がいいと決め込んでいたけど、頭をゆるゆるにして自分の中の常識を覆してみると新しい世界が広がって楽しさ倍増です。洗面台の上にはできるだけモノは置かず、いつも清潔に保っています。ミラーの上に横長サイズのFIX窓を付けたので昼間でも明るいです。

ミラー内に収納されたティッシュは正面から見たときにティッシュも目立たないので生活感を抑えられるのがポイント。洗面台にも穴を開けてダストカバーを設置したことでゴミも目につきません。

10枚のフェイスタオルがちょうど収まるラタンボックスは、取り出しやすさとしまいやすさの両方を兼ね備えています。造作棚の収納はミラーにも映り込むので白で統一して清潔感を演出。

家の中のこだわりのスペース

小さなこだわりポイント

上段／乾燥機を使用しない衣類は洗濯機右奥の浴室乾燥へ。下段／乾燥し終わった衣類は洗濯機左奥のファミクロへ。下着類は洗濯機正面、タオルは洗面台下へ。ほとんど動かなくていい洗濯動線はもうやめられません。

洗面所の左手にはドラム式洗濯乾燥機。向かい側には、オープンタイプの造作棚をつくりました。奥行きや幅など収納用品をあらかじめ決めてそれに合わせてサイズ指定できたのもよかった。上段にそうじ道具のストック、中段に家族3人の下着や靴下類を収納、下段に乾燥機にかけない衣類入れ、乾燥にかける衣類入れのかごをふたつ並べて、隣に洗剤類を一緒にグルーピングしています。かごに入った洗濯物は振り返って洗濯乾燥機に入れるだけ。洗濯が終わったら洗面所下にフェイスタオルを収納、下着や靴下類は向かい側の収納棚へポイポイ収納（投げ入れるだけ）。畳んだ衣類は隣接したファミリークローゼットへ移動するだけなので、3歩。乾燥するものはハンガーに吊るして浴室乾燥へ。乾いたらハンガーごと戻すので畳まなくてオッケー。これだけで洗濯の負担がどれだけ減ったことか。

BIG DRUM

家族全員分の衣類を集約！

小さなこだわりポイント

冬物のコートは保管付きクリーニングに預けますが、衣替えいらずの家族全員分のファミリークローゼットです。オフシーズンの衣類は棚上のバンカーズボックスに入る分だけ。ハンガーにかけたくないモノは下段の衣装ケースに入るだけ。左下の無印良品のスタッキングシェルフには娘の服を収納。

洗面所左の引き戸を開けると、オールシーズン・家族全員分のファミリークローゼット（2・7畳）。日差しで服が傷まないように窓は付けず、換気扇を設置。浴室からの湿気対策もバッチリです。洗面所で歯を磨き、ファミリークローゼットでパジャマに着替えたら、左奥の引き戸を開けて寝室へ。起きてすぐ寝室からファミリークローゼットで着替えて、洗面所へ行くこともできます。寝室の先にある開き扉を開けると玄関へ繋がる回遊動線に。寝室を出てすぐ右手には階段下を有効活用したトイレがあり、夜中に目覚めてトイレに行きたいときも安心安全の動線となっています。音が気にならないように寝室とトイレに面した部分だけ壁を二重構造にしてもらいました（これが意外とよかった）。こういったことは自分から言わないと提案してくれなかったと思うので是非参考に。

Bankers Box
703

ランドセル置き場

子どもの身支度コーナー。最初はリビングで勉強することも多いだろうと、ランドセルをはじめとした学校関係のモノや家でやるドリルなどは2階に集約していました。しかし、家に帰るとランドセルは玄関にほったらかし。タブレットが入っている日は大人でも重たいランドセル。ならば、1階に学校コーナーをつくろうではないか。

というわけで、ファミリークローゼットにランドセル掛けを置き、学校に持っていく道具類一式をここに移動。2階でドリルをしたり、絵を描いたりする頻度が高いので、鉛筆削りは2カ所にあったほうがいいと考え追加購入。そして隣にハンカチ、ティッシュ、ランチョンマットを入れてファミリークローゼットの中ですべての準備が完成! ランドセルも自分で運んでくれるように。生活しながら、暮らしやすさを発見するのも楽しいですよね。

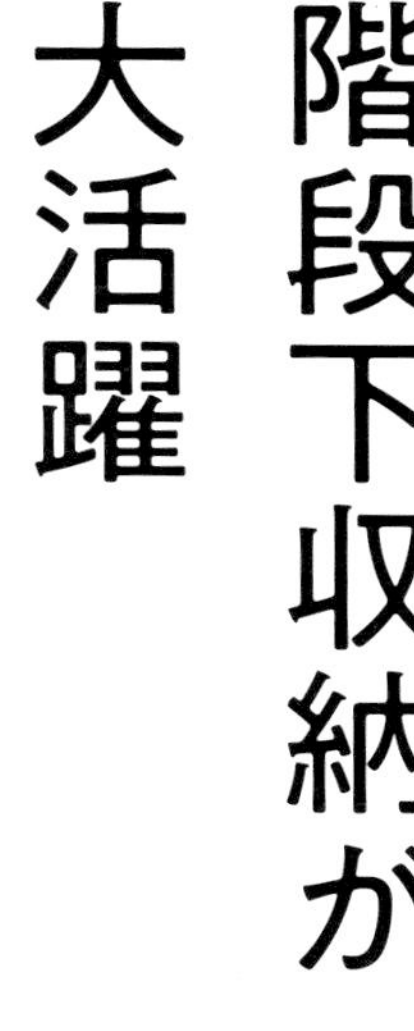

階段下収納が大活躍

階段下には小さな収納スペースを確保。これが意外と便利です。玄関から靴を履いたまま電動自転車の充電ができるようにコンセントを確保したり、収納内に無印良品のＬＥＤセンサーライトを付けて、いつでも明るく奥まで見られるように工夫しています。

斜めになっているので若干の使いづらさはありますが、奥のほうには防災用品、手前にトイレットペーパーやティッシュペーパーのストック、消化器など、たっぷり収納できて超便利。防災用品は1年に一度は見直すようにしているのですが、上にモノを置いてしまうと出すのが億劫になってしまうので避けたいところ。しかし階段下収納は斜めに高さがあるから、ついモノを置いて天井まで埋めてしまいがち。いざというとき取り出せないと意味がないので見直しの必要がありそう（汗）。

玄関は家の顔

小さなこだわりポイント

家に来てくださった人に明るくて清潔感のある印象を持ってもらいたくて、玄関マット以外は何も置いていません。自分自身もいつでも好きな香りで迎え入れてもらいたくて、DIPTYQUEのルームスプレーを愛用。

玄関の床材にはモルタルを採用。モルタルはクラックといってヒビが入ってくるのですが、そういう風合いが苦手な方には向かないかも。我が家は住みながら変化を楽しみたいので全然オッケー。どんなクラックが入るのかなぁと毎日愛しく眺めています。

下駄箱収納は天井高ほどの大容量のシューズクローゼットを造作してもらいました。スペースの関係でシューズインクローゼットまではさすがにつくれませんでしたが、収納量的にはこれでも大きすぎるくらいかも。シューズクローゼットの右半分は、普段履く靴と子どもの外遊び道具や工具類を。左は別仕切りになっていて、臭い移りの心配いらずなので、ポケットティッシュや虫除けスプレー、マスクやホッカイロ、スリッパ、除菌スプレーなど、玄関で咄嗟に必要になることがあるモノと、そのストッ

小さい家だからできること

クを収納しています。

玄関左には階段に一人腰掛けができるようなスペースを確保。老後への配慮もほんのりしつつ、モルタルの玄関から繋がるアイアンと木目のシンプルな階段にシンボルツリーが眺められる大きなＦＩＸ窓を付けました（Ｐ０９１の写真参照）。南向きなので気持ちいい日が差し込み、夜はライトアップしたオリーブの木が見えるのでここは1日中ブラインドも開けっぱなしです。

ちなみに小さな家に廊下はいらない！　というのが基本だと思いますが、我が家くらいの廊下だと靴を脱ぎ履きするとき、混雑しなくて結構便利です。

玄関は明るくしたかったのでガラスのスリットの入った玄関扉を採用。玄関が南向きということもあり、これだけでも十分な採光ができました。ここに山崎実業のマグネット付きツーウェイマスク収納ケースを2個くっ付けているのですがマスクを付ける機会が減ってきたので、ほかの活用方法を考えたいと思います。冬はホッカイロ、もう片方には腰痛用の湿布でも入れておこうかと迷い中……。

同じく山崎実業のマグネットキーフック&トレイスマートには、自転車の鍵やハンコ、ボールペンを置いてます。家の鍵がドアに近付くだけで、解錠するノータッチスタイルのシステムキーを採用して、ものすごく便利なのに、トレイに鍵を置いてしまうといつでも鍵が自動的に空いてしまう状況……。つまり、鍵を玄関近くには置けないということに。これは地味すぎる大きな失敗！　でもノータッチキーはほんとに便利すぎてもうやめられないです。バッグの中の鍵を探す必要がなくなるんですよ。荷物が多い日もノンストレスです。是非みなさんにおすすめしたいです。

リビングは家族の憩いの場

小さなこだわりポイント

ダイニングサイドにはお気に入りのアートをドーンと飾ってフォーカルポイントをつくっています。リビングサイドは情報量が多すぎると疲れるので、好きなピンクゾーンとグリーンゾーンをつくって落ち着ける空間に。

階段を上がるとひと間で繋がったダイニングキッチンとリビング（18畳）。キッチンは対面型のペニンシュラタイプで横幅2275㎝、奥行き90㎝、高さ90㎝のグラフテクトのもの。バックセットは奥行き60㎝で十分な広さ。アッシュベージュというなんともいえない色合いが気に入りました。2階の主役ですし、簡単に変えられるモノではないのでキッチン選びはいろんなショールームに足を運び、悩みに悩みました。

ここにパントリー用の可動棚、ワークスペース用の造作デスクを入れようとしていましたが結果的にはぜ〜んぶ却下。それだけで格段に節約できました。後悔ポイントとしてはもう少し窓を大きくすれば良かった。日当たりはいいのに、明るさは少し足りない印象。壁をぶち抜いて窓を付けることもできると聞いたのでそのときに考えます。

隠れ家的オアシス

小さなこだわりポイント

夫の書斎。自分で選んだ好きなモノだけに囲まれた小さな隠れ家。書斎からしか入れない小さなバルコニーもひと息つくのに最適空間。夜はバルコニーもライトアップ。私もたまにここで日なたぼっこさせてもらいます。

3階に上がると右手に子ども部屋（4・5畳）、左手に夫の小さな書斎（2・5畳）があり、バルコニーが広がります。書斎が狭いせいか、インテリアも冒険しやすく夫が自分で選んだダークグリーンのアクセントクロスにアンティークなペンダントライト、多肉植物がずらっと並ぶこだわりの空間になっています。ゲーミングPCと仕事道具を並べて、お気に入りの珈琲を淹れて好きなお香を焚いて、快適そうに過ごしています。

雑貨も少しずつ増えていき、書斎がオシャレ空間へと変貌を遂げていってます。書斎と繋がったバルコニーも隠れ家的空間で、毎日の手入れも夫が担当。休みの日には、ジャムと珈琲豆を買い、週に一度は花を買いに行く。丁寧な暮らしとは今の夫の暮らしそのものだと思います（笑）。仕事をする量は変わらずに毎日の質が変わる、これが理想です。

与えられた空間を楽しむ

小さなこだわりポイント

子ども部屋を私のワークスペースとして間借り中。このまま娘も使えるように彩りもポップに。ここにも好きなアートを飾っています。お気に入りの家具はHAYのアバウト ア チェア。上のバンカーズボックスに季節モノの雛人形、プールグッズ、ハロウィンの飾りを収納。下に重ねてあるボックスの中身は私の資料や本たち。

子ども部屋はクローゼット内にベージュ系のアクセントクロスを貼り、建具を付けないオープンタイプにしました。これは広く見えてとてもいい感じ。今となっては、建具なんて全部取ってしまえ！　と言いたくなるくらいです。2階まではスタイリッシュな空間をイメージしましたが、子ども部屋兼私のワークスペースということで、最近気になるポップなインテリアにしたいなと思い、家具やアートを少しずつ買い足して遊んでいます。インテリアについてはルームスタイリスト・プロの資格取得で学んだノウハウが生かせるようになってきて、ちょっとした日々の模様替えも楽しく、ちょこちょこ場所を移動したりして気分を変えています。

あれ、私の部屋は……!?　そりゃあ欲しかったですけども、小さな家での妥協ポイントとして私が一番最初に判断したところでもありました。私はどこ

でも仕事ができるタイプ。子どもが自分の部屋を使うまでは私のワークスペースとして間借りして子どもが使うようになったら、近所に事務所を構える予定なので問題なしです。こうして、ひとつひとつポジティブに解決していくことも大切。自分が建てた家を好きになりたいし、好きになるための努力はいくらだってしたいですから。

うちは夫が間取りにあーだこーだ口出ししてこないのもよかったです(笑)。夫がこだわったのはバルコニーと書斎、玄関だけ。夫が家づくりに協力してくれない！　と嘆いている方、あなたはラッキーです。仕事は増えるけど、好き放題できるのですから。予算がない？　与えられた予算の中で最大の力を発揮するのがプロですから！　プロじゃない？　確かに……。でも人生で家を建てることなんて何回もあることじゃないですからね。楽しまなきゃ損ですよ。

理想の完成イメージはどう伝える?

どんなイメージの家を建てたいのか、インスタグラムやピンタレストでまずは好みの画像をたくさん集めましょう。私は部屋のスペースごとに1000枚近い写真を集めました(P079参照)。その中でも譲れないポイントを抜き出していくうちに自分が本当に好きな部屋の傾向が見えてくるはず。

例えば、「明るくて居心地がいい家」だと、ほとんどの人が同じことを思っているから具体的なイメージが伝わらない。私は「スタイリッシュだけど木の温もりを感じられるカジュアルでポップな家」と伝えました。それでも捉え方は人それぞれ。漠然としたイメージよりもできるだけ具体的な要望を伝えることをおすすめしたいです。それらの情報をもとに設計のプロが動いてくれるので、できるだけ正確に要望を伝えましょう。予算の限度を伝えておくことも忘れずに。

家の基本情報は間取り図から

部屋の広さや配置、窓やドア、収納の位置などが確認できる平面図が「間取り図」。注文住宅の場合は、施主と設計者が間取り図を参考にプランをすり合わせていきますが、この間取り図でキッチンや浴室、玄関などの配置がどうなっているか、家事のしやすさや生活動線などをイメージしていきます。

空間情報は複数の図面で見ていく

間取り図だけではそこでどれくらいの開放感が感じられるかや天井高のイメージ、窓のサイズや高さなどはわかりません。真横から見た立面図や断面図などの様々な図面を照らし合わせながら確認していきます。外から見たときに窓の位置や大きさが揃っていないとバランスが悪い場合もあるので、あらゆる角度から注意を払ってチェックしましょう。空間のイメージをCGや模型でつくってもらえたらよりイメージしやすいです。我が家のハウスメーカーはCGを用意してくれました。このとき、CGが間違いだらけで見た意味があったのかどうか。いや、間違いに気付けたのでよかったことにしましょう。

4 小さい家だからできること

間取りについて決めること

□ **広さ**

※冷蔵庫やベッドが入らなかった！　なんてことのないように

□ **部屋の配置**

□ **窓の大きさや種類**

※通風……方角の違う2カ所に窓などの開口部があれば部屋の中を気持ちよく風が通り抜けます。窓が1カ所の場合でも、室内ドアを開けたときに風の通り道があれば通風が確保できます

□ **収納の種類**

※クローゼット・物入れ・押し入れ・玄関収納などがあります

□ **棚の高さ**

□ **扉の種類や開く方向**

※緩衝しないように

□ **造作家具やカウンターの高さや奥行き**

□ **下地を入れる位置**

※壁掛けテレビ裏や収納裏、マグネットクロスなどを付けたければそこにも下地が必要

外装で決めること

□ **外壁の種類・色**

※汚れにくい素材や色がおすすめ

□ **屋根の種類・色**

□ **玄関ドアの性能やデザイン**

□ **屋外側のサッシの色**

※外壁の色と絶対揃えてくださいね

□ **軒天の種類や色**

※軒天を木目調にしてダウンライトを付けると雰囲気がでます

□ **雨どい・水受けの種類や色**

※雨どいと水受けも外壁の色と揃えて

□ **シャッターの有無や性能（手動 or 電動など）**

※東京はシャッターを付けない家も多いらしい

□ **インターホンの位置や性能**

□ **外水栓の種類**

□ **テレビアンテナの位置や種類**

※今はシンプルでカッコイイデザインのモノもあります。外壁と色を揃えて

□ **太陽光発電システムの有無**

電気配線で決めること

□ **照明の位置や種類**

※引っ掛けor埋め込みなど。ダウンライトはいくつかあると便利

□ **通常のコンセントの位置や口数**

※とにかく多めに付けるべし。そのときの色やデザインもよく選んで

□ **テレビコンセントの位置や数**

※リビング以外でもテレビを観る人は？　うちは全部屋に付けました

□ **屋外コンセントの位置や数**

※バルコニーや玄関外のアプローチ付近にもあると便利

□ **テレビ周りの配線計画**

□ **ネットの引き込み位置**

※電気屋で直接交渉しました

□ **BS・CSの有無**

□ **ケーブルTVの契約の有無**

水回りの住宅設備で決めること

□ **キッチンメーカー・本体の色・設備・仕様**

※デザインだけじゃなくて色も重要！

□ **カップボードの色と収納の種類**

※キッチンとセット購入するかどうか。収納の少ない家ならキッチン収納はできるだけ大容量に

□ **トイレの色や仕様**

※複数設置する場合はリビングのある階をタンクレス、家族用をタンクありでコストダウンしても

□ **洗面台の色や仕様**

□ **ユニットバスの色や仕様**

□ **給湯機の種類（電気orガス）**

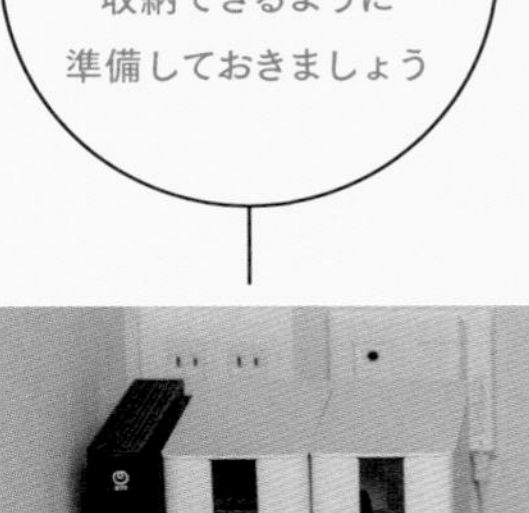

建材で決めること

□ **床の色や種類**

※フローリング・無垢材・クッションフロア・タイルなど。うちは基本フローリングですが、洗面所・トイレはクッションフロアを採用。タイルは脚が疲れそうなのでやめました

□ **ドアや収納扉の色やデザイン**

※デザインがたくさんあって迷ったけど、ＬＩＸＩＬでこれ！　というものと出会えて即決

□ **巾木・廻り縁・笠木の色**

※巾木とは、壁と床の境目に取り付けられる部材のこと

※廻り縁とは、天井と壁の境目に設ける見切り縁のこと

※笠木とは、塀、手すり、腰壁などの最上部に施工する仕上げ材のこと

□ **窓枠・サッシの内観色**

※外側と内側で色を変えられるモノも

□ **カウンターや収納棚の色**

□ **階段や手すりの色**

※うちは木の階段とアイアンの手すりで統一

内装材・インテリアで決めること

□ **クロスのデザインや貼り方**

※アクセントクロスなどもここで！

□ **照明のデザインや明るさ**

□ **カーテン・ブラインド・ロールスクリーンなどのデザインや機能性**

□ **施主支給品の有無（※Ｐ１１２）**

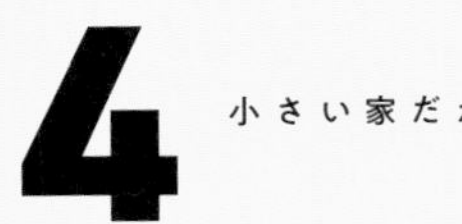

外構で決めること

□ 全体の配置
※駐輪場・駐車場・庭など

□ 塀やフェンスのデザインや範囲
※うちはお隣のフェンスがあるので自分たちでは付けず

□ アプローチのデザイン

□ 門柱のデザインや機能性
※ポスト・宅配ボックス・インターホンの有無。「どこでもドアホン」（パナソニック）など出先からも応対できるインターホンにすれば、宅配ボックスいらず！

□ 駐車場の仕様
※カーポート・ガレージ・コンクリート敷きなど

□ 庭の仕様
※人工芝・天然芝・砕石など

□ 建物周りの仕様
※砕石・コンクリートなど。何かしら手を打っておかないと草木が生えて大変なことに！

□ 樹木の有無や位置
※うちはＳＯＬＳＯ ＰＡＲＫさんと打ち合わせしながら進めました

□ 外灯の位置
※うちは人感センサー付きの外灯を付けました

4
まとめ

小さい家だからできること

- □ 隠れ家的な感覚が楽しい
- □ 使わない場所がない
- □ 自分たちにとって暮らしやすい
  動線をイメージしよう
- □ 譲れないこだわりポイントを明確にしておこう
- □ 家の顔である玄関は明るく清潔感のある
  気持ちいい空間に
- □ 家族が長い時間を過ごす場所は居心地最優先

5

小さな家の施主検査と引き渡し

一度は襲ってくるマイホームブルー

マイホームブルーって聞いたことあります？

私は知らなかったのですが私にも襲ってきたんです、マイホームブルーが。仕事もしてるし、育児も家事もしてる中で、ハウスメーカーの担当者さんと日々奮闘（？）しながら、インスタグラムを見ては最新のステキな家の情報収集をして、そしてまた現実とぶつかって……。

いつもキレイに片付いた広い部屋。ライトアップされたクリスマスツリー。天まで続きそうな吹き抜け。自然あふれる窓からの眺め。味わい深い中庭。日当たりのいい落ち着く和室。ヌックでティータイムを楽しむ親子。私が諦めたステンレスのバイブレーション仕上げのキッチンで料理する主婦。平家暮らし。屋内にまさかの滑り台、遊園地みたいに大きなプールを広げてはしゃぐ子どもたち。

そんな投稿を毎日見ていると、不意にもやもやっとし出す瞬間がやってくるんです。そこから、なんとなくギスギスした悪い目で投稿を見るようになり、私の家はこんなに小さいのに、こんなに家づくりを楽しんでる自分がものすご〜くちっぽけに思えてきたりするわけですよ。そのときは一度鏡で自分の顔を見て気持ちを引き締めて！　明るい未来が詰まった家はあなたの腕に掛かっているんですから、諦めないでください。でもね、私みたいに凹みまくっちゃっている人がインスタグラムにわちゃわちゃいることがわかって、また救われたのも事実。

後悔例、失敗例をたくさんアップしている方々は、神様です。ありがとうございます。人の後悔や失敗をたくさん読んで元気をもらおう！　という性格の悪いような話だけど、そうやって前向きに発信してくれる人に勇気をもらうし、私もがんばろうって思わせてもらえるんです。嬉しい打開策も惜しみなく書いてくれていて「いいね」押しまくりです。もちろん同じ失敗をしないように事前に回避できるところが最大のありがたみ。

インスタグラマーさまさま……。それらのおかげで本当に参考になったことは、「建具はすべて天井高のハイドアにすべし（断然広く見える）」「天窓はやめておけ（雨音がうるさい、掃除しづらい）」「外の換気口の色は外壁と揃えて」「コンセントはあればあるだけいい」などなど、ためになることのオンパレードです。

そんなマイホームブルーな気持ちがあなたのもとにやってきたら、「#マイホーム後悔ポイント」「#マイホームトラブル」の投稿に励まされてください。1週間SNSから離れてみるのもいいです。気持ちが穏やかで気分のいいとき、冷静になったらまたその扉を開いてみてくださいね。

施主支給したもの

小さなこだわりポイント

私はリリカラとサンゲツ、サンワカンパニーに的を絞って壁紙や床材などのサンプルを取り寄せ、そこから部屋ごとのイメージに合わせて組み合わせを慎重に選びました。

施主支給とは客である（今回は）私が個人で購入したパーツや建材を建築会社に渡して取り付けてもらうこと（自身で取り付ける場合は「施主施工」）。施主支給の要望にどこまで対応してくれるかはハウスメーカーによるとのこと。メリットは自分の好きなデザインのものを選べる、安いお店を探せば安価で手に入れられる、今あるモノの再利用もできること。デメリットは、品質などのすべてを自分で理解して選ばないといけない、配送スケジュールや検品ももちろん自分で。耐久性のリスクなども自分でかぶることになる、など。

一番は探すことが得意かどうか、好きかどうか。私は自分で見つけたいのでネットやお店をとにかくまわりました。結果的にこのときに自分が選んだモノは今でも愛おしく、飽きることもなく大切に使っています。これも〝好き〟を増やす第一歩ですね。

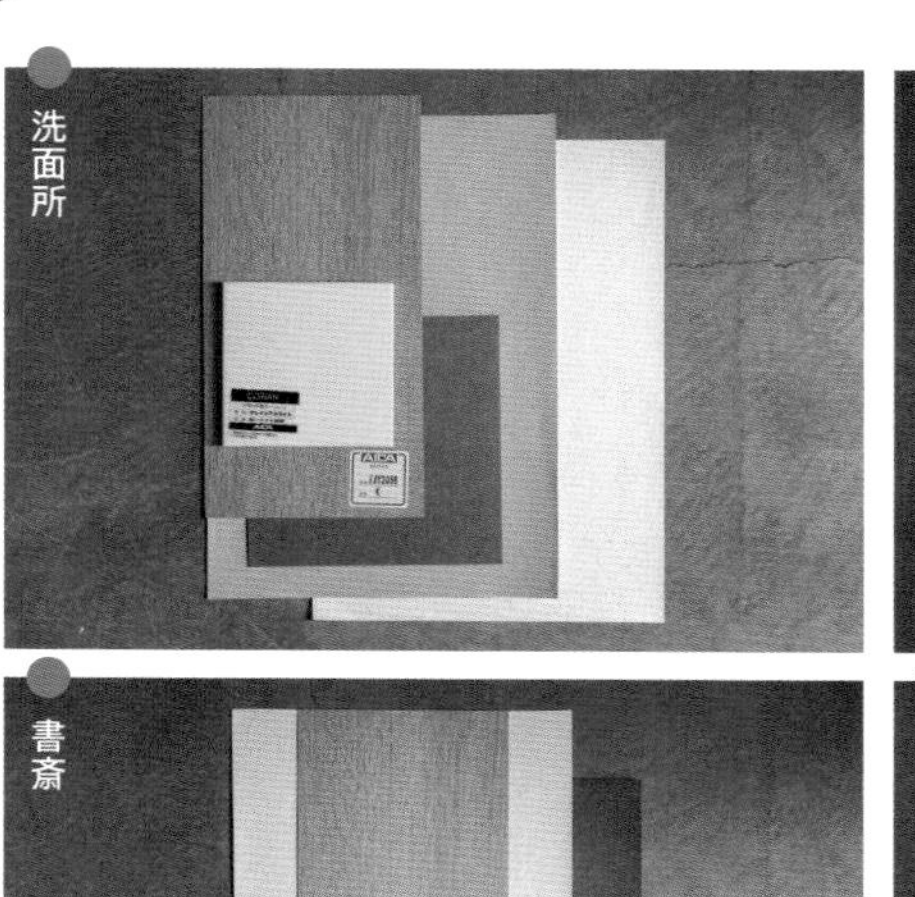

施主支給に向いているもの

取り換えが効くパーツ類。例えば、タオルハンガーやトイレットペーパーホルダー、照明器具、ブラインドやカーテン、エアコンをはじめ、クロスやフロアマット、タイルなど。キッチンやお風呂、トイレなどの大型のモノを施主支給することもできます。ＤＩＹが得意な方なら、自分で施主施工できるので大きなコストダウンになります。

施主支給に向かないもの

簡単に交換できないもの、家自体の保証に関わるものなどは、工務店にお任せすることを強くおすすめします。組み合わせられない商品や納期問題、運び入れできないなどの問題が起きたときは自分で対応しなければならず、思いがけないリスクを負う可能性もあります。

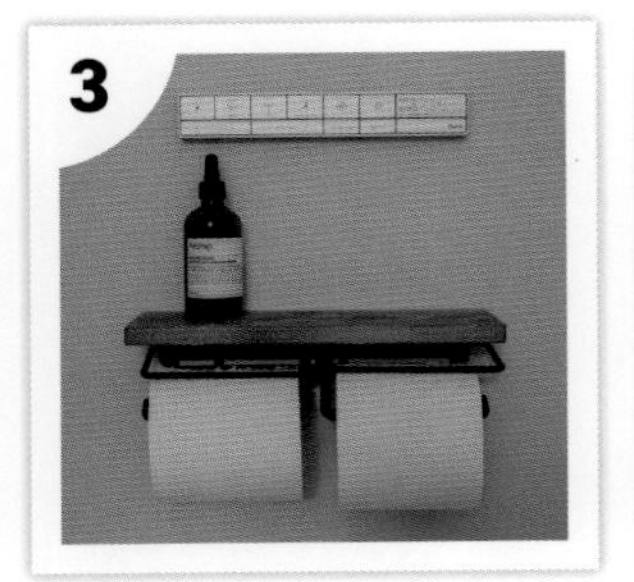

3

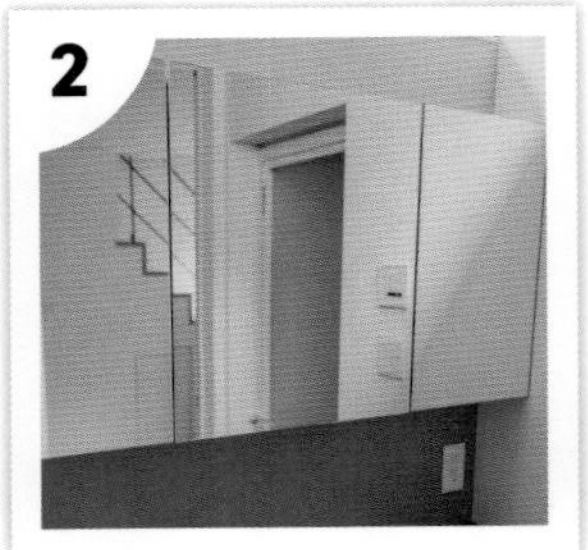

2

1

私が施主支給したものはこちら

1. 洗面ボウル・洗面台（アイカ）

アイカのショールームで、数ある洗面ボウルと洗面台の組み合わせ、デザイン、深さ、ダストボックスの位置、素材のすべてをチョイス。

2. ホテルミラーボックス ホワイト（サンワカンパニー）

インスタグラムでも人気の高いミラーで収納量もあるので絶対コレ！と決めて、サンワカンパニーのショールームで即決。

3. トイレットペーパーホルダー（LOWYA）

2個セットで、上にモノが置けるのがポイント。木目の色も吟味してセレクト。カワジュン、トリノス、千葉工作所も人気。

4. 照明（KANADEMONO）

ダイニングセットとペンダントライトを一緒に購入。千senや上手製作所の真鍮照明もステキでした。

5. シンボルツリー（SOLSO PARK）

悩みに悩んで常緑樹のオリーブに決定。そのほか、バルコニーや室内の植物もSOLSO PARKで買うことが多いです。ピクチャーズウインドウとしてはお隣の木がステキにしてくれる場合あり！

6. 150×150真鍮表札（CHICORI）

表札は真鍮にしたいと当初から考えていました。丁寧なつくりで後悔なし！ FUTAGAMIにもかわいいものがありますよ。

7. スリムポスト（サンワカンパニー）

サンワカンパニーのデザインに勝るモノなし！ 真鍮の表札との並びもイメージして、こちらに決定。とても使いやすいです。

8. グラフテクトのバックセットに入るダストボックス（SOLOW）

45リットル両開きのペダルオープンツインのブラックが2個。グラフテクトのキッチンにジャストサイズで気持ちいい。臭い漏れもあまりなくおすすめです。

9. VIKブラック（サンワカンパニー）

玄関傘かけフックとしても荷物掛けとしても万能な定番商品。我が家は傘が3本しかないので、VIKにかけっぱなしが多いかも。

10. ブラインド／ロールスクリーン（ニトリ）

お値段以上ニトリですが、我が家の窓がほぼ特注サイズだったため、すべてオーダーサイズに。窓は一般的なサイズをおすすめします。

5

4

8

7

6

10

9

施主検査

発注したとおりに建築されているかの検査です。引き渡し後にやる場合もあるそうですが我が家は前でした。ハウスメーカーの担当さんもがんばってくださっているし、たくさんの家を同時進行で建築しているので、ミスが起きることもあるでしょう。これからのお付き合いもあるので、笑顔で指摘していきましょう。ですが、このときに直してもらうのが一番ですので、遠慮はしないで。

施主持ち物

- □ **間取り図などの図面**
- □ **カメラ（ケータイ）**
- □ **メジャー**
- □ **スリッパ**
- □ **マスキングテープや付箋**

施主チェック項目

- □ **図面通りになっているか**
- □ **大きなキズやへこみがないか**

□床のきしみ
□クロスの継ぎ目
□窓や建具の開閉はスムーズか
□サッシにキズはないか
□建具の開く向きは合っているか
□クロスの継ぎ目はきれいか、隙間はないか
□コンセントの数と取り付け位置
□照明の数と取り付け位置
□玄関の施錠（我が家の担当さんは違う家の鍵を持ってきてました……）
□蛇口やシャワーのパッキンから水漏れはないか
□引き出しや収納、扉の開閉はスムーズか
□換気扇の動き
□手すりの位置
□排水溝の勾配
□外壁のキズや凹み
□設備の取り付け位置
□クロスの向きや種類が正しいか
□コーキングがされるべき場所にされているか
□ダクトレールやコンセント・スイッチなどは正しいか

引き渡し前（引っ越し前）に
やることリスト

スムーズに入居できるように決めておきたいことをチェック!!

決めることリスト

- □引き渡し日と時間を決める
- □現状契約しているマンションなどの解約日を決める
- □引っ越し業者を決める
- □引っ越し日と時間を決める（我が家は高くつきますが縁起のいい日にお願いしました）
- □引き渡しのときにハウスメーカーの方などにお礼をするのかを決める
- □ネット回線の手続きと立ち合い日を決める
- □電気・ガス・水道の手続き
- □郵便物の転送手続き
- □粗大ゴミは引っ越し前にできるだけ出しておきたい！
- □ガスの立ち合い日を決める（該当する場合のみ）
- □照明・カーテン・外構などの残りの打ち合わせ（着工前に終わらなかった場合）
- □購入する家具家電を決める

□どこの火災保険に入るのか決める

□入居後の近隣挨拶の手土産を考える

□各種届出

転出届・転入届・国民年金・国民健康保険・印鑑登録届・運転免許証・車検証・職場や学校への住所変更手続き・各種保険会社・金融機関・銀行・証券会社・ケータイ会社・クレジットカード会社。また、会員登録している楽天・アマゾンやオイシックスなどの住所変更も地味に忘れがちなので要チェック。使っていないモノなどがあれば、これを機に整理するのもいいでしょう。

子ども対策

□コンセントキャップの用意

□戸棚ロックの用意

□角ガードの用意

引き渡し後（引っ越し前）に新居ですぐにやっておくこと

これらをやっておけば、引っ越したその日から安心して新生活を送れるはず！

□ **バルサンを焚く**

□ **防カビくん煙剤を焚く**

□ **クイックルワイパーで床掃除**

□ **シンク下のＧ（ゴ〇ブ〇）対策**

※排水ホースに防虫キャップをつけてさらに水切りネットを装着するのもあり。屋外用のブラックキャップを置く、スプレータイプも併用、室内にもブラックキャップ、床にモノを置かない、ダンボールはＧのすみかになっている場合もあるので要注意、配管の隙間をパテで埋める、バルサン噴射など。

□ **見た目が気になるユニットバスやトイレ、エアコン、ＩＨなどのシールを剥がす**

※家電などにもシールで説明書きがありますが、私はそこで読んだことはないので、すべて剥がしました。必要な方は残しておいてくださいね。

□ **コーキング部分の上からマスキングテープを貼る（ホコリが溜まりがち）**

□ **排気口にフィルターを貼る**

□ **ＩＨに隙間ガードを付ける（１００均などで購入）**

□冷蔵庫のサイズに合わせてにマットを敷いておく
※M（〜500L）、L（〜600L）、LL（〜700L）。
□シンクを撥水コーティングしておく
□防虫・防カビシートを敷く
□防災対策をする（防災グッズを見直し！　消化器も準備しよう）
□洗濯機下にふんばるマンを設置、もしくはキャスターもあり
□トイレに隙間ガードを付ける
□鏡類に曇り止めを塗る
□照明の設置
□テレビアンテナの確認
□エアコンの取り付け
□カーテンやブラインドの取り付け
□家具が入っていない家の状態を写真に残しておく

おわりに

本書を手に取ってくださったみなさま、ありがとうございました。ご存知ない方もいらっしゃると思いますが２００６年に翔泳社から発行した『小さなお店、はじめました』、そして『小さなカフェ、はじめました』『小さな雑貨屋、はじめました』『小さなお店、はじめました special』『小さな教室、はじめました』という累計7万部超えのシリーズ第5作目から12年もの月日を経て、ついに第6弾『小さな家、建てました』を出版することができました!!

家は小さくなくてもよかったですが(笑)、小さな家の魅力を伝えるにはこのシリーズしかない！　と思いました。私はお店も雑貨屋もカフェも教室も開業したことはなかったけれど、今回は実体験を思いっきり赤裸々に綴っています。家づくりをする方にとって、一人でも多くの方にお役に立てることがあれば、幸いです。

家を建てる工程を歩み始めてすぐ、これは本にしたいと思っていました。素人に次々と重要すぎる（かつ難解すぎる）選択肢を突き付けてくるなんて、頭がどうにかなっちゃいそうです。何が普通で、お得で、損なのか。

何ひとつ想像もつかないまま昨日まで知らなかった人からよくわからない小難しい説明を聞かされて、とんでもない額が書かれた紙っぺらにポンッとハンコをつくんですよ。怖い怖い！　そんな重大なことを生涯で決めたことありますか？　結婚より重大かもしれない（笑）！　あ、娘が生まれたときも「ひとりの人間ここに誕生！」と言わんばかりに緊張したけど、それくらい大きなことなんですよね。でも、田舎だろうが都会だろうがそこらじゅうに家を買っている人はいます。私たちだって買えないわけがない（と思いたい）。かけられる金額こそ、それぞれですが買うと決めたら早く動いたほうがいいと思います。1日でも若いうちに。

そして、この家に引っ越してから1年半が過ぎました。家族の中での大きな変化は夫が率先して玄関、トイレの掃除をしてくれるようになったこと。時間があるときは料理してくれること（私より圧倒的にうまい……）。夫婦でグリーンにハマって、休日にファームマーケットへ行くのが楽しみになって、丁寧に植物のお世話をしてくれること。娘は年齢とともに成長してるので家のせいかはわからないけど、誰もいない部屋で一人時間を楽しめるようになったり、お友達を呼んで家で遊ぶことが増えました。

私はもともと一人の時間がほしいタイプなのですが、フロアごとに部屋が分かれたことで自分時間を楽しめるようになり、今では家で過ごす時間が一番好きになりました。家事動線をしっかり考えてつくった甲斐あって、家事が楽になったのもほんとに嬉しい。部屋が散らかることはあってもすぐにリセットできるし、うんざりするほど散らかることはなくなりました（これは断捨離効果）。

家が小さくても私たち3人家族にはちょうどいいし、掃除もこれ以上広いと私にはしんどいかも。1階から3階までの行ったり来たりはわりと腰にくるけど（もともと腰痛持ち）、これくらいの運動はしないとですよね。ご近所付き合いは以前からしているほうだけど、家の前が私道ということもあってお互いに落ち葉を掃除し合いっこしたりして距離感も関係性も心地よい。

家づくりを1からすると、たくさんの人と出会い、接しなければなりません。人間ですから合う人合わない人もいるし、丁寧な人雑な人、優しい人横柄な人もいます。すべて前者であれば最高ですが、それはなかなか難しいですよね。辛いとき悲しいとき腹の立つときがあっても、一生をかけての大きな大きなお買い物ですから、泣いても怒っても落ち込んでもいいから、疲れたら休みながら、最後は笑顔いっぱいでいてほしいと思います。

自分や家族の暮らしとここまで真剣に向き合うことってなかなかありません。自分にとって家族にとって本当に大切なモノをしっかり見極めて、好きなモノだけに囲まれた家で気持ちよく新生活を迎えてくださいね。

竹村真奈

本書内容に関するお問い合わせについて

このたびは翔泳社の書籍をお買い上げいただき、誠にありがとうございます。弊社では、読者の皆様からのお問い合わせに適切に対応させていただくため、以下のガイドラインへのご協力をお願い致しております。下記項目をお読みいただき、手順に従ってお問い合わせください。

▶ ご質問される前に

弊社Webサイトの「正誤表」をご参照ください。これまでに判明した正誤や追加情報を掲載しています。

正誤表 https://www.shoeisha.co.jp/book/errata/

▶ ご質問方法

弊社Webサイトの「書籍に関するお問い合わせ」をご利用ください。

書籍に関するお問い合わせ https://www.shoeisha.co.jp/book/qa/

インターネットをご利用でない場合は、FAXまたは郵便にて、下記"翔泳社 愛読者サービスセンター"までお問い合わせください。電話でのご質問は、お受けしておりません。

▶ 回答について

回答は、ご質問いただいた手段によってご返事申し上げます。ご質問の内容によっては、回答に数日ないしはそれ以上の期間を要する場合があります。

▶ ご質問に際してのご注意

本書の対象を超えるもの、記述個所を特定されないもの、また読者固有の環境に起因するご質問等にはお答えできませんので、予めご了承ください。

▶ 郵便物送付先およびFAX番号

[送付先住所] 〒160-0006 東京都新宿区舟町5　[FAX番号] 03-5362-3818
[宛　　先] (株)翔泳社 愛読者サービスセンター

※本書に記載されたURL等は予告なく変更される場合があります。
※本書の出版にあたっては正確な記述につとめましたが、著者や出版社などのいずれも、本書の内容に対してなんらかの保証をするものではなく、内容やサンプルに基づくいかなる運用結果に関してもいっさいの責任を負いません。

編著者紹介

竹村真奈

編集プロダクション・タイムマシンラボ代表。29冊の著書ほか、手掛けた本は200冊以上。サンリオ、松本 隆、Chara、坂元裕二、小泉今日子、秦 基博などのメモリアルブックや、お笑い雑誌『OWARAI Bros.』(東京ニュース通信社)の編集を手掛ける。主な著書に『小さなお店、はじめました』シリーズ5作、『整理収納を仕事にする』『あたらしい暮らしを作る。部屋づくり、働き方、時間術、お金、心と身体。わたしらしい、これからの生活習慣』(翔泳社)などがある。整理収納アドバイザー、ルームスタイリスト・プロ、ホームステージャーの資格を持つ。

@takemana_room

編集・執筆:竹村真奈
デザイン:ひぐちゆきこ(lalagraph)
イラスト:太公良(grAphic tAkorA) ©2023 grAphic tAkorA
撮影:嶋崎征弘

スペシャルサンクス:山形奈都子

家事がラクになる 小さな家、建てました

土地選び、断捨離、間取り。施主だからわかる、家づくりのポイント

2023年12月20日 初版第1刷発行

著　者:竹村真奈(たけむら まな)
発行人:佐々木幹夫
発行所:株式会社 翔泳社(https://www.shoeisha.co.jp)
印刷所:公和印刷 株式会社
製本所:株式会社 国宝社

ISBN978-4-7981-8147-9
Printed in Japan